为了人与书的相遇

理念的力量

作者 _ 张维迎

西北大学出版社

图书在版编目（CIP）数据

理念的力量 / 张维迎著．—西安：西北大学出版社，2014.10（2024.7 重印）
ISBN 978-7-5604-3495-7

Ⅰ．①理… Ⅱ．①张… Ⅲ．①经济学—文集 Ⅳ．①F0-53

中国版本图书馆 CIP 数据核字（2014）第 234755 号

理念的力量

张维迎　著

西北大学出版社出版发行
（西北大学内　邮政编码：710069　电话：029-88302590　88303593）

新华书店经销
山东临沂新华印刷物流集团有限责任公司　印刷
（临沂高新技术产业开发区新华路　邮政编码：276017）
开本：710毫米×960毫米　1/16　印张：18.5

2014年10月第1版　2024年7月第6次印刷
字数：111千字　图片：24幅

ISBN 978-7-5604-3495-7　定价：68.00元

序 言

理念的力量

本书想要传达的一个基本思想是：理念是重要的，人的行为不仅受利益的支配，也受理念的支配；社会的变革和人类的进步基本上都是在新的理念推动下出现的，没有理念的变化就没有制度和政策的改变；中国过去三十多年所取得的成就是理念变化的结果，中国的未来很大程度上取决于我们能否走出一些错误的理念陷阱，而没有思想市场，就很难有新的理念的出现和传播，从而整个社会就会失去变革的源泉。

一百多年前，英国经济学家艾奇沃斯讲过一句话："经济学的第一原理是，每个人都是由利益驱动的。"这句话准确地概括了经济学的基本假设，依据这一假设，经济学家把所有观察到的个人行为解释为个人利益最大化的选择，把社会现象归结于利益之间博弈的结果，把社会变革理解为一种利益战胜了另一种利益，或者是在政治家分析了变革的成本与收益之后，做出的一个理性决策。应该说，这一假设在许多情况下是真实的，是我们分析经济社会问题的有用工具，但它忽视了一个重要的事实，即人的行为也受其持有的理念、世界观、意识形态的支配。正如苏格兰启蒙思想家大卫·休谟所说，尽管人是由利益支配的，但利益本身以及人类的所有事务，都受理念的支配。

人的行为受理念的支配来自"人是理性存在物"这样一个

基本事实。什么叫理性存在物？就是人是会思考的，人做事是有目的、有计划的。作为理性存在物，我们做任何事一定要找一个正当性的理由，这一正当性理由是由理念提供的。如果人的行为不受理念的影响，人与动物就没有区别。

理性人是追求自己的利益的。但人们所理解的利益本身是由理念构造的，也就是说，什么是我们的利益，依赖于我们拥有什么样的思想、什么样的信念。比如说，几十年前，当农民被告知他们的利益和地主的利益是冲突的，工人被告知他们的利益和资本家的利益是冲突的时候，消灭地主和资本家就是他们的利益所在，他们就起来闹革命。

利益的概念在经济学里长期以来定义得比较狭隘。经济学假定每个人都会追求自己效用的最大化，这个效用通常被理解为物质欲望的满足，这样的理解是非常有局限性的。人们的利益并不像传统经济学假设的那样，仅仅是物质利益，而是有很多非物质的利益，这些非物质的利益，对理念的敏感程度更高。非物质利益源自人的社会性。作为社会动物，一个人的幸福很大程度上取决于他和别人的关系，或者说别人对他的看法。我们生活在社会中，一定会渴望受到别人的尊重；如果我们希望有一个好的声誉，我们做的事就必须符合正义，符合别人的预期。而什么是正义，什么是不正义，则依赖于我们的理念。换句话说，我们有关正义的理念一定会影响我们的所作所为。所以，非物质利益对人们理念的依赖程度或者敏感程度更高。

经济学上讲的理性是工具理性。工具理性，简单说，就是人的目标是给定的，理性就是选择最有效的方式达到这些目标，最大化我们的偏好，最大化我们的效用。从工具理性的角度看，理性只是欲望和情感的奴隶，在制定人的目标方面没有什么大的作用。而在真实的人生、真实的选择中，更重要的是目标理性：我们究竟应该追求什么？不应该追求什么？人作为动物、作为社会性存在物，拥有很多欲望，其中哪些欲望应该满足，哪些欲望不应该满足，人能够有所选择、有所取舍，这是人区别于动物最重要的东西。根据康德的解释，理性就是帮助我们选择目标本身，理性应该是欲望的主人，而不是欲望的奴隶，道德是约束人的偏好。生活中的大多数人是根据一定的伦理原则选择自己的目标，而这些伦理原则是由人的理念构造的。

理念的力量在社会变革中表现得最为显著。人类历史上的很多变革，不是一种利益战胜了另一种利益，而是一种思想、主义战胜了另一种思想和主义，或者新的理念战胜了旧的理念，也可以说是理念战胜了利益。许多变革表面上看似乎是利益的胜利，实际上是理念的胜利。比如中国共产党领导的新民主主义革命和社会主义革命，并不是农民的利益和工人的利益战胜了地主的利益和资本家的利益，而是马克思主义战胜了其他的主义。既得利益者之所以有可能变成改革者，一个重要的原因是理念的力量。中国共产党被认为是工人阶级的先锋队，但共产党的主要创始人并不是出身于工人阶级，而是旧体制下的精英阶层。这些出身于统治阶级的人为什么要起来闹革命？因为他们接受了一种新的理念，这种理念就是马克思列宁主义。

计划经济本身就是理念的产物。中国过去三十多年改革开放所取得的成就，也是理念战胜利益的结果。“文化大革命”结束之后，邓小平之所以发起市场化取向的改革开放，就是因为他有了新的理念，认识到计划经济解决不了中国的问题，必须给老百姓更多的自由，让人们能够发挥自己更多的积极性和主动性，让市场发挥作用。三十多年的经验证明，改革是前进还是停滞倒退，其实都与理念的正确与否有关。未来中国的改革，特别是政治体制改革，是否能成功，很大程度上仍然取决于我们有什么样的理念和领导力。

理念是从哪里来的？理念来自思想市场！所谓思想市场，就是不同观点、信仰、理念、思想、主张之间平等和自由的竞争。

过去三十多年的改革，很大程度上也是思想市场竞争的结果：如果没有有关真理标准的讨论，没有思想解放运动，不可能有邓小平的改革；没有经济学家广泛深入的讨论，不可能有“社会主义市场经济”目标的确立；没有法学家的争论，不可能有建立“法治国家”的理念。只有自由的思想市场，才能为我们未来的改革创造新的思想和理念。中共十八届三中全会《关于全面深化改革若干重大问题的决定》确立了未来改革的基本方向，特别是提出了“国家治理体系和治理能力的现代化”的政治体制改革目标。但如果没有思想市场上不同学术观点的争鸣，究竟什么是“国家治理体系和治理能力的现代化”，不同的人会有完全不同的理解，不可能有基本共识。而如果没有基本共识，改革不可能顺利推进。

本书是在我过去几年撰写的四十多篇文章和演讲稿的基础上整理、编辑、修改而成的，尽管每一篇都独立成章，但所有篇章都围绕“理念的力量”这个主题展开。我希望通过阅读这本书，读者能更深刻地理解理念在社会变革中的重要性，理解中国过去三十多年经济改革取得成就的原因，更好地把握未来改革的走向。如本书最后所指出的，任何社会变革，从短期来讲，政治领导人的理念可能更重要；但长期来讲，普通人的理念也许更重要，大的社会变革一定是全民的事情，不可能只是少数精英的事情。

本书的编辑工作由陈凌云和周昀完成。我最初提交给他们的是四十多篇独立的文章，其中包含一些重复的内容。本书能以现在这样的面貌呈现给读者，很大程度上是他们的功劳，他们认真负责的工作态度和追求卓越的精神给我留下深刻印象。刘瑞琳女士通读了全部文稿，并对全书的结构提出了非常有价值的建议，在此一并感谢。

2014 年 5 月 16 日

目录

01

经济学中的利益和理念

人们是通过观念来理解自己的利益的，而人的认识有限，观念可能发生错误，这样的话，他们就会做出对自己不利的决策。

经济学家的任务就是通过自己的研究改变人们的观念，使人们能更好地认识到自己的根本利益之所在。

人类观念的进步一定是从少数人开始的，如果不能对少数人的思想给予真正的宽容，我们的社会不可能有真正的进步。

经济学一般被认为是研究利益的，经济学家认为人的行为是由利益支配的，理性人知道自己利益之所在，每个人追求自己的利益，所有的行为都可以用“利益”给出合理的解释，这是我长期以来在经济学中学到的东西。但我一直有一个困惑：如此一来，我们为什么需要经济学家？就是说，既然有没有经济学家，这个世界上每个人行为都是一样的，既不更好也不更坏，那我们要经济学家干什么？如果经济学家不能够使这个社会变得更好，那么我们使用社会资源所做的这些事情可能就是没有意义的。这样一个经济学的假设，事实上也没办法解释人类为什么犯那么多的错误，包括为什么在那么长的时间内，世界上有三分之一的人选择了一种经济制度，这个经济制度被称为“计划经济”，它给生活在这个制度下的人带来了多重的灾难。我们甚至没办法解释经济学内部的一些基本问题，例如按照理性预期学派的观点，任何预期到的经济政策是不会起作用的，但假如这样想的话，每一个政府官员也应该有理性的预期，如果他们预期到政策不会起作用，他们为什么还要制定政策呢？这也是我长期以来的一个困惑。

过去几年，我越来越认识到，支配人的行为的不仅有利益，而且有思想、理念和意识形态。也就是说，人们选择做什么，不仅受到利益的影响，也受到他们相信什么、不相信什么的影响。

或者更准确地讲，人们是通过观念来理解自己的利益的，而人的认识有限，观念可能发生错误，这样的话，他们就会做出对自己不利的决策。

这当然并不是我自己的新观点。事实上，两百多年前，英国启蒙思想家、经济学家大卫·休谟就讲过，尽管人是由利益支配的，但利益本身以及人类的所有事务，是由观念支配的。凯恩斯有一段非常著名的话，他说："经济学家和政治学家的思想，不论它们正确与否，都比一般所想象的更有力量。的确，世界就是由它们统治的。实用主义者自认为他们不受任何学理的影响，其实他们经常是某个已故经济学家的俘虏。自以为是的当权者，他们的狂乱想法不过是从若干年前某个拙劣的作家的作品中提炼出来的。我确信，和思想的逐步侵蚀相比，既得利益的力量被过分夸大了……或迟或早，不论好坏，危险的东西不是既得利益，而是思想。"

我们也知道，和凯恩斯站在完全不同立场上的另一位著名经济学家米塞斯讲过这样的话："人所做的一切，是支配其头脑的理论、学术、信条和心态之结果。在人类历史上，除开心智之外，没有一物是真实的或实质性的。""一般认为，社会学术的冲突是由于利益集团的冲突。如果这种理论成立，人类合作就没有希望了。”米塞斯还说：“没有思想的行动和没有理论的实践，都是不可想象的。”“人的行动受各种意识形态的指导，因而社会和社会事物之任何具体秩序皆某种意识形态的结果，任何现存的社会事物都是现存的某种意识形态的产物。在某一社会里会出现新的意识形态并可能取代旧的意识形态，因而改变社会制度，但是社会总归是秩序和逻辑上事先存在之意识形态之产物，行动总是受观念的引领，它将预先考虑好的事务付诸实施。”

我引证这几位伟大的学者的话只是说明一个问题，人类的行为不仅仅是受利益的支配，也受观念的支配。也正因为这样，好多出于利益的行为经常打着观念的旗号。

如果我们承认这一点，经济学家就大有用武之地。简单来说，人类的进步都来自新的思想、新的理念。经济学家的任务就是通过自己的研究改变人们的观念，使人们能更好地认识到自己的根本利益之所在。

比如说，我前面提到世界上三分之一的人在那么长的时间内选择了那么一个糟糕的计划经济制度，并不是由于人们不在乎他们的利益，而是因为他们不明白他们的真正利益之所在。他们以为计划经济可以给他们带来最大的利益，而我们现在知道，实际上这是一个非常错误的理念。正是这样一个错误的理念，导致了我们人类历史上巨大的灾难。

经济学家从很早开始，其实就在从事这样的工作，亦即改变人的观念。两百多年前，亚当·斯密让我们认识到市场是人类最有效的合作制度，如果我们有真正的私有财产制度和充分的竞争的话，人的自利行为对社会本身并不是一件坏事。中国经济学家过去三十多年对社会或者说民众做出的主要贡献，就是让中国人开始接受两百多年前亚当·斯密已经提出来的市场经济的理念。中国经济学家使我们破除了对人民公社的迷信，破除了对计划经济的迷信，使我们不再相信铁饭碗、大锅饭的平均主义制度是一个好制度。中国经济学家也使民众相信，自由竞争、自由价格、私有产权、企业家精神，这些对任何经济的进步都是不可或缺的，由此才推动了我们的改革，使得中国经济取得了飞速发展。

经济学家要完成这样一个任务，就必须有真正的独立的精神，因为正如米塞斯所讲的，尽管人类可以合作行动，但是人类只能个人思考，社会不会思考，人类的新思想总是从少数人开始的。或者可以这样讲，我们之所以说一种观念、一种思想是新的，就是因为它是绝大多数人所不认同的，大多数人是根据已有的传统的思想在思考。

米塞斯曾经谈到，信仰普通人并不比信仰上帝、僧侣和贵族的超然天赋更有根据，民主保证的是一个依靠大多数人之愿望和计划的政治制度，但它并不能防止多数人成为错误观念的牺牲品，从而选择不当的政策，最终不仅无法达到目的，还会招致灾难。大多数人也可能犯错误并毁灭我们的文明，好事不会仅靠它的合理性和有利就能成功，只有当世人最终采纳并支持那些合理而又可以实现目的的政策时，我们的文明才会增进，社会和国家才能使人更加满意。

所以，经济学家只有在他保持独立的精神，保持一颗真正自由的心的时候，他提出的观点才是值得重视的，他才有可能对人类的进步做出贡献。在经济学里，有一个很重要的思想是关于垄断的，在法律上有一部很重要的《反垄断法》。我曾发表了一篇文章，认为反垄断所反的东西很多是真正的竞争，之所以会这样，其实与经济学家对竞争和垄断的错误定义有关。我也说过，我们真正需要反的垄断只有一种，这就是政府强加的垄断，因为自由竞争不会产生持久的、真正的垄断。但我这里要特别讲到一个垄断，我们必须反，这就是思想的垄断，也就是有一种思想要主导一切，要统治一切，使我们没有办法去跟它竞争，没有办法提出跟它不一样的思想。我认为这种思想的垄断对人类的损害是灾难性的，因为它阻碍了新思想的出现，也就是阻碍了人类文明发展和进步的星火。任何时代只要思想是自由的，人类就会取得更大的进步，如果思想是不自由的，人类前进的脚步就会停滞。

今天，我们确实面临着这样的问题。好在即使生活在不自由世界的人，仍然可以享受自由世界所创造的技术、观念。这是经济的全球化和互联网给我们带来的好处。但我们始终不应该忘记，人类观念的进步一定是从少数人开始的，如果不能对少数人的思想给予真正的宽容，我们的社会不可能有真正的进步。中国历史上有很好的例子说明这一点。两千多年前，在孔子生活的那个时代，孔子的思想并不被各国的君主所认同，甚至也不被普通老百姓所认同，所以他周游列国如丧家之犬，当他掉在陷阱里的时候，一位老农民说他是四体不勤、五谷不分，还谈得上什么夫子。但幸运的是，当时各国的君主并没有封杀他的言论，所以他的思想仍然能够传播开来，最终成为中华文化的基石。后来到了秦始皇的时代，出现了“焚书坑儒”，由此导致了巨大的灾难。我们理应记住这段历史。

02

无知与无耻

“人祸”之所以产生，有两个基本原因：第一个是我们的无知，第二个是我们的无耻。

只有市场经济才可以避免由于多数人的无知和少数人的无耻相结合导致的人类灾难。

任何一种思想，无论是哲学的还是宗教的，无论创始人多么伟大，无论在创造时多么正确，一旦取得法定垄断地位，就会变成无知的助推器、无耻的保护神，就会滋生更多的无知和无耻，给人类带来灾难。

我这几年一直在思考一个问题：人类历史上，为什么会出现那么多的“人祸”，也就是人为制造的灾难？我得出的一个基本结论是，“人祸”之所以产生，有两个基本原因：第一个是我们的无知，第二个是我们的无耻。当然，从佛教的观点看，无耻本质上也是无知的表现，不知道自己根本利益之所在。

好心干坏事就是由于无知，不知道我们采取某种行动的后果是什么而犯的错误。父母出于爱而干涉儿女婚姻导致的爱情悲剧就是一个例子。也有大量的是坏心干坏事。为了个人私利损害他人，就是由无耻导致的灾难，比如秦始皇的焚书坑儒。

当然现实中，大量的错误是无知与无耻结合的产物。“文化大革命”就是多数人的无知和少数人的无耻共同造成的。少数人为了权力斗争发动了这场运动，多数人由于无知而积极参与，等明白过来悔之晚矣，结果造成了一场毁灭人性、毁灭文化的历史大悲剧。而且我想提醒大家的是，人类历史上多数人的无知和少数人的无耻相结合导致的灾难是非常多的，代价也是巨大的。

比如义和团运动，拳民们以为修炼一百天、念念咒语就可以刀枪不入，这是无知。对慈禧太后和刚毅、载濂、端郡王载漪、辅国公载澜、庄亲王载勋这些清王朝统治者来讲，既有无知的一面，更有无耻的一面。他们想利用义和团的运动进行宫廷权力斗争，巩固自己的统治地位，这是无耻。清廷中也有很多人将义和团当成升官发财的好机会，同样是无耻。结果是生灵涂炭，民族危亡。李鸿章、刘坤一、张之洞、袁世凯等人搞“东南互保”，是因为他们比慈禧太后等人更明白一点，从而使整个东南中国避免了义和团运动的影响和外国的入侵。

再比如1958年开始的大跃进。发起大跃进，全民炼钢铁，吃大锅饭，可以说是无知的表现，但是大跃进当中，那么多的浮夸、虚报，什么亩产一万斤、十万斤等等，就不仅仅是无知，而且是无耻了，结果是上千万人饿死。为了个人保官位而虚报浮夸，视民众如草芥，即使看起来是无奈，实际上都是无耻的表现。

人类历史上由于无知导致的最大灾难是什么呢？就是在占世界人口三分之一多的国家中自上而下强制实行的一种制度，这种制度我们叫它“计划经济”。

我们现在很难想象，为什么当时那么多聪明的学者，那么多高智商的政治家、政府官员，居然相信中央集权的计划机关能够告诉全社会应该生产什么，应该怎么样生产，应该为谁生产，应该定多少价格。但那个时候，这些人对这个制度深信不疑。仔细想一下，搞计划经济不仅是无知，而且是无知到不知自己无知。老子告诫我们：不知知，病。明明自己不知道，还以为自己知道，由此导致巨大的经济和社会灾难，真是可悲至极！

特别要提醒一点，当时搞计划经济的理论依据，不仅仅来自传统的马克思主义学者，也来自西方的主流经济学家。兰格就是用新古典经济学模式论证计划经济是可行的。他把新古典经济学为证明市场的有效性而做出的假设当作现实本身，宣称计划可以模拟出竞争市场体制，可以像市场一样有效地配置资源。结果，兰格被认为是有关社会主义计划经济可行性大论战的胜利者，受到主流经济学家的推崇，而米塞斯和哈耶克等反对计划经济的学者则成为人们讥讽的对象。

我们仔细想一想，计划机关要收集那么多的信息，这怎么可能？更不用说，经济是一个动态过程，在没有市场和企业家的情况下，所设想的信息根本就不存在。想一下，在 iPad 没生产出来的时候，怎么统计对它的需求呢？主流经济学家也根本没搞明白市场究竟是怎么运行的，但他们自以为明白。

这个例子也提醒我们，怎样正确对待科学。科学总的目标是减少人类的无知，但是科学研究有时候也会增加我们的无知。比如说，一直到 19 世纪早期的时候，欧洲的医生、植物学家仍然号召各国砍伐树木，目的是改善公共卫生。为什么呢？根据当时科学家的研究，好多疾病是由苍蝇、蚊子传播的，他们认为把树砍了以后，苍蝇、蚊子没地方待了，疾病就可以减少了。这是科学家提的建议。幸运的是，人们很快发现，这样做导致的是生态灾难。

看一下我们今天，这个问题更为严重。那么多的社会“工程”，这个工程那个工程，甚至有什么“国家创新工程”，“培养一千个乔布斯工程”。我们以为科学的创造、自主知识技术的开发、企业家的成长，可以像工程师设计大楼一样设计出来。用工程师的思维考虑社会问题本身就是无知的表现。

现在回顾一下我自己对价格改革的认识。在 1983 年下半年开始准备硕士论文研究价格改革的时候，我惊讶地发现，几乎所有的经济学家和政府官员都认为正确的价格是可以计算出来的，所谓价格改革就是政府怎么调价。分歧在什么地方？分歧在于，是应该按照劳动价值定价，还是按照生产价格定价，或者按“均衡价格”定价。还有就是，应该“大调”一步到位，还是“小调”逐步到位。但很少有人怀疑价格本身能由政府计算出来。

政府高层决策者也深信这一点，所以在 1981 年成立了国务院价格中心，找了五十多位经济学家和价格专家，买了大型计算机，收集了全国的投入产出数据，编制出投入产出表。今天看来，这确实有点不可思议，但是当时大家很虔诚，相信肯定能计算出来。中央领导等着，什么时候理论价格计算出来了，我们就可以调整价格了。当然现在大家知道，这个正确的价格计算不出来，或者即使计算出来了，也没人敢相信它。

我从一开始就对政府计算价格的能力有怀疑。对我来讲，价格怎么能计算出来呢？我花了大量时间思考这个问题：究竟一个正确的价格是怎样形成的？我的基本结论是，只要是政府制定的价格就不可能是真正的价格，价格只能在市场交易中形成。我当时用了一个比喻，政府定的价格，类似用不胀钢做的一个温度计，即使初始确定的温度指数是合适的，但之后外边的温度怎样变化，温度计本身都不会反映，已经没有意义了。

所以中国的价格改革，无论“大调”还是“小调”都不能解决问题，绝不应该把“宝”押在价格调整上。我当时提出一个思路，唯一的办法就是“放”。怎么放价格呢？就是通过双轨制逐步放开。

双轨制的思路其实很简单。按当时形成的历史，将计划指标固定下来，不再扩大，按照官价交易，计划外产品的价格全部放开，这就形成同一产品的双轨价格。接下来的工作就是用各种各样的措施（包括先调后放），使得计划内的配额逐步消失，最后都变成完全的市场价格，那是技术性的问题了。

为什么不能把价格一下子都放开？原因有两个：一是我们无知，二是要照顾既得利益。市场定价就是企业定价，但当时的国有企业已经习惯于政府定价，一次放开震动太大，会使企业无所适从。用我当时的话说，“放活市场，企业要由生产型转变为生产经营型，这就类似要让一个从来没有离开过父母的孩子独立生活，总得有个适应过程”。另一方面，牌价供应的原材料和生活资料本身就是企业和城市居民的既得利益，改革要尊重既得利益，双轨制就是在尊重既得利益的前提下逐步走向市场经济。

我讲这个故事的意思是说，如果我们认识到人类本身的好多无知，解决体制问题就可能有不同的思路。我们以为自己知道的很多，以为我们非常聪明，实际上我们是把大量的时间浪费在了那些没有答案的问题上。就价格改革来说，如果我们以为我们知道什么是合理的价格，我们要做的就是怎么调整价格，这样就会走进死胡同。如果我们承认不知道什么是合理的价格，思路就自然转到了如何放开价格上来，才会有双轨制的改革思路。

今天我们也面临着类似的问题。比如，根据凯恩斯主义宏观经济理论，很多人认为我们对货币、就业、通货膨胀之间的关系知道得很清楚，我们知道什么时候应该降低利率，什么时候提高利率。是那样吗？过去几年的历史证明，不仅是中国，全世界各国的经济学家和政府对宏观经济变量之间的关系是很无知的。

在无知的情况下，最好的政策是什么？以不变应万变，不要那么瞎折腾，一会儿看经济有问题了，大量放水；一会儿看通货膨胀来了，猛抽信贷。不承认自己的无知，使我们付出了巨大的代价。

再看产业政策。政府部门仍然相信，政府知道未来什么是核心产业、主导产业，政府知道我们应该怎样发展。从历史来看，在这个方面我们犯了太多太多的错误。其实，我们根本不知道究竟什么是未来的主导产业，什么是未来技术发展的方向，这些工作只能交给企业家去探索。曾有报道称，宁波市要出钱培养一千个乔布斯，这更表现出我们太无知，却以为自己知道。回到老子的话，我们有病。

政府的产业政策经常变成无知者与无耻者合谋攫取公共资源的寻租手段。某些个人或企业出于自身利益忽悠政府，负责分配资源的政府官员搞不明白，几千万甚至几亿的资金就拨下去了。还有一种情况，起先政府部门由于无知投错方向投错了人，但为了掩盖自己的决策错误又继续追加投资，从无知走向无耻，错上加错。几年前暴露的上海交通大学某教授的自主知识芯片开发，就是一个典型例子。这样的例子应该不在少数。

我们为什么需要市场经济呢？其实很简单，只有市场经济才可以避免由于多数人的无知和少数人的无耻相结合导致的人类灾难。

市场经济是分散决策，资源也分散在众多的所有者手里，即使少数当权者出于自身的利益想搞大运动，他们也动员不了那么多资源。如果当年实行市场经济而不是计划经济，可能有大跃进吗？可能死那么多人吗？市场经济下有贫富差距，地震可以死人，龙卷风可以死人，但是在市场经济体制下，不会因为粮食短缺而饿死那么多人。

市场经济其实也减少了我们好多的无知。在市场当中，是否获得正确的知识、对未来的判断是否准确，决定了企业经营的成败和利润的多少，这就促使企业家主动去减少自己的无知。市场就是一个企业家不断地发现、创造、加工信息的过程。这些信息在没有企业家的计划经济下是不存在的。

市场经济也使我们的自利行为不会成为伤害他人的无耻行为。在市场中，好坏是由别人说了算，而不是自己说了算。在市场竞争当中，你要谋求自己的利益，首先要给别人创造价值，给消费者创造价值，给客户创造价值。市场竞争就是为消费者创造价值的竞争。而在计划经济下，谋取个人利益的最好手段是损害他人，攫取别人的劳动成果，占别人的便宜。

这就是我们需要市场经济的原因。如果说当年搞计划经济是因为无知，现在再搞计划经济就是无耻了。

怎么保证我不是由于自己的无知甚至无耻才这么讲的呢？解决这个问题唯一的办法，就是思想自由，学术竞争。

任何一种思想，无论是哲学的还是宗教的，无论创始人多么伟大，无论在创造时多么正确，一旦取得法定垄断地位，就可能变成无知的助推器、无耻的保护神，就会滋生更多的无知和无耻，给人类带来灾难。

所以，希望在于我们未来的学术环境，如果能够有学术自由，如果允许思想竞争，我们就会少一点无知，少一点无耻，少一点灾难。

03

人类合作的制度基础

人类合作的范围越宽、越广，人类的进步就越快。为了合作，人类创造了各种各样的制度，包括私有产权、法治、社会规范和道德。

人类为什么要政府？就是为了走出囚徒困境，更好地合作。但另一方面，政府存在之后，它很可能变成侵害自由、侵害人类安全、破坏合作的一种力量。

怎么约束政府？唯一有效的办法是把权力关在笼子里。这个笼子就是宪政和民主制度。

人类的所有进步都来自合作

经济学研究什么？传统上讲，研究资源配置，研究市场均衡。我觉得这些定义可能都有一定的误导性。经济学真正研究的是什么？是理性人之间如何合作。

人类的所有进步都来自合作。两千多年前，荀子就写道：人力不若牛，走不若马，为何牛马反倒为人所用？因为"人能群"，也就是能互助合作。像蚂蚁、蜜蜂之类的动物，即使有"分工"和"合作"，也只是出于本能，而不是出于理性。所以，动物几千年甚至几万年的生活方式没有什么变化，除了人类对它们进行的驯化。而人类的合作，主要是基于理性，是有目的的行动。今天的人和一万年前的人的生活方式不一样。一万年前人类过的是采集、狩猎的生活，而今天我们已进入信息时代。

可以说，人类的合作范围越宽、越广，人类的进步就越快，像我们今天生活在地球上的人类，是在全球范围进行合作。今天用的几乎任何一个东西，都是全人类合作的结果，不是一个地区生产的，更不可能是单个人生产的。比如说，我们用的激光笔可能是中国制造的，但是它的技术可能来自美国；生产这个笔本身有好多个生产阶段，每个阶段都需要计算机的控制，而计算机的芯片是美国设计的，台湾生产的，其他零部件可能来自日本或韩国，所以它的价值链分布在全球。这就是我们人类之所以在过去的两百年取得这么大进步的原因。

人类的合作遇到两大困难。第一个困难就是经济学家讲的“囚徒困境”，或社会心理学家讲的“合作困境”，这也是基于人的自利本性而产生的问题。人类合作的另一个困难来自人类的无知。我们经常想办好事，想帮助别人，但结果可能并不好，甚至犯致命性的错误。好比父母非常爱儿女，但是好多儿女的悲剧恰恰是父母导致的，生活中这样的故事很多。为什么？因为人类对自己和生存环境的认知是非常有限的，有时甚至不知道自己的真正利益所在。这实际上是人类无知的表现。计划经济体制就是一个典型的例子，当初我们以为有一个中央的集权机构，可以知道每个人的需要和社会的资源禀赋，搞一个统一的生产和分配计划（所谓顶层设计），就能避免所谓的市场经济的弊端，让每个人都过得更好。现在看来这个想法非常幼稚，但是几十年前，我们就是那么幼稚。这并不是因为我们缺乏受过经济学教育的人，恰恰相反，当时世界上一些最好的经济学家都相信计划经济。20 世纪 30 年代，芝加哥大学的著名经济学家兰格宣称他证明计划经济是可行的，之后他的理论受到很多人的认同，甚至连萨缪尔森这样伟大的经济学家也不敢怀疑计划经济在理论上的可行性。

无知和“囚徒困境”给我们人类的合作带来很多困难，甚至灾难。但人类也在实践中不断学习和进步，人类创造的很多制度安排，就是为了减少人类的无知，就是为了解决人类合作中面临的“囚徒困境”。

囚徒困境：个体理性和集体理性的矛盾

下面，我用一个简单的博弈讲一下“囚徒困境”问题。

设想社会由两个人组成，甲和乙，每个人都有两个选择：一个选择是尊重别人的权利、尊重别人的产权；另一个选择是不尊重别人的权利，比如从事偷窃活动。这样，社会就有四种可能的结果：如果两个人相互尊重产权，每个人得到 2 的收益；如果两个人都不尊重产权，互相偷来偷去，每个人都没有收益；如果甲尊重产权，乙不尊重产权，从事偷窃，这时候甲就吃亏了，得到 −1 的收益，乙得到 3 的收益；或者，如果甲偷窃，乙尊重产权，甲得到 3，乙得到 −1。容易看出，对每个个体来说，最好的结果是别人尊重产权而自己偷窃，其次是两个人都相互尊重产权，再其次是两人都偷窃，最糟糕的是你尊重别人的产权，别人不尊重你的产权。因此，对每个个人来说，无论别人尊重不尊重产权，自己最好不尊重产权。结果是，两个人都不尊重产权，都得到 0。而事实上，如果他们两个人都尊重产权的话，每人可以得到 2。这就是所谓的“囚徒困境”，或者叫作个体理性与集体理性的矛盾：个体理性意味着选择偷窃，集体理性意味着选择尊重产权。

集体理性和个体理性的冲突，也可以理解为事前理性和事后理性的不一致：事前看，每个人都有积极性许诺尊重产权，如果对方也做出同样的许诺的话；但到了事后，每个人都可能采取机会主义行为，没有积极性履行诺言，即使对方选择尊重产权。现在的问题是，如何解决事前理性和事后理性的矛盾，或者说集体理性与个体理性的矛盾。理性地思考，如果别人和自己是平等的，我们怎么可以通过偷窃别人使自己得到好处呢？只有每个人都尊重别人的产权，每个人才能得到自己的好处。由此产生了对制度的需求。如果一个制度能保证，对每个人来说，事前的理性选择也是事后理性的选择，我们就解决了囚徒困境问题。用博弈论的术语来说，制度是人们达成的一种“承诺”（commitment）。

康德曾经这样设想人类是如何创造制度以解决囚徒困境的：“一群有理性的生物为了保存自己而在一起要求普遍的法律，但是他们每个人又秘密地倾向于把自己除外；他们应该是这样的安排并建立他们的制度，以至于尽管他们自己私下的心愿是彼此相反的，却又如此之彼此相互防范这一点，从而在他们的公开行动中其结果又恰好正像他们并没有任何这类恶劣的心愿一样。”

社会合作需要游戏规则

人类从生活的实际中认识到他们面临的合作困境，因此创造了解决这一困境的制度和方法，即“游戏规则”。当然，如同哈耶克所指出的，这些制度和方法并不是集中设计的，而是在漫长的历史中演化而来的。这些制度和方法可以被划分为好多类，我在这里讨论几种最重要的。

第一是私有财产制度。这是人类创造的克服囚徒困境的最重要的制度，大卫·休谟认为它是三大自然法则的第一法则。有了私有产权制度，产权得到有效保护，这个博弈就发生了变化。产权是一个自然权利，高于国家、高于政府，产权制度其实先于国家、先于政府而存在。我现在给大家举两个非常有意思的例子，都是真实的例子。

在英国约克郡的海边有一个渔村，涨潮时有很多木头从其他地方漂到这里来，退潮以后木头就成了无主财产，当地的渔民怎么分配这些木头呢？这就是产权的界定问题。当地居民世世代代遵守的是这样的规则：谁最早跑到沙滩，给无主的木头做上标记，这个木头就归谁所有，后来的人就不能随便拿走了。这不是一个由国家施加的法律规则，但是所有村民都遵守这个规则。

在我的老家陕北吴堡县黄河边上的村庄，过去每年黄河发大水的时候，会有很多从上游漂流下来的煤块，当地人称为“河炭”，洪水过后这些河炭就搁浅在河滩上，村民们争先恐后地去“捞河炭”，这是他们一个重要的生活来源。他们遵守的规则与约克郡渔民完全一样：谁先去在无主的河炭上放上一件自己的东西，如草帽、衣服、扁担、麻袋之类的物品，河炭就归谁所有，其他人就不再争夺。为了占有河炭，最后有的人把内裤都脱掉了，也不觉得害羞。

这两个地方相隔万里，一个在英格兰的海岸，一个在中国西北的黄河边，两个村子之间肯定不曾有过交流，但他们的游戏规则完全一样。

这就是产权的“先占规则”，即谁先占有就是谁的。有没有普世价值？我觉得这就是一个普世价值，全世界人都遵守的普世价值。它不仅是处理人与人之间关系的基本准则，也是处理国际关系的基本准则。我们现在谈国家对领土的主权，虽然并没有一个超越国家的世界政府，但各个国家能够承认和尊重彼此的领土主权，就是因为人类有这样一个普世价值。我们中国人说钓鱼岛是我们的，为什么是我们的？因为"自古以来"就是我们的，意思是我们最早占有它。如果我们不承认普世价值，国际上的领土争端也就没法解决，国与国之间的合作就没有可能。我再强调一下，私有财产制度是人类解决囚徒困境最重要的制度，没有这个制度，人类就会陷入霍布斯讲的"所有人对所有人的战争"。

在现代社会，产权通常是由国家的法律保护的。法律本身是为协调预期、促进合作而制定的。一个交易对双方都有好处，但万一事后有一方采取机会主义行为不付账或者生产假冒伪劣产品怎么办？签合同就是双方为合作做出的承诺。比如说，公司上市，股权分散，这是对所有利益相关者都好的选择，因为这样可以使得资源配置更有效率，更多的人可以分享合作创造的财富。这样的合作要求大家都尊重产权，但是如果事后有人贪污腐化、多吃多占，怎么办？我们有个公司治理结构的法律体系，这个法律体系有助于解决当事人之间的囚徒困境。假如你管理一个企业却贪污了，或者没有尽心尽力为股东的利益服务，股东可以起诉你，你怕这个起诉就要好好工作。所以说，法律本身是解决囚徒困境的重要制度。

促进人与人合作的另一个制度是社会规范。法律由一个集中的权威机构制定，并且靠国家的武力强制执行，如果法院判定了你有罪但你不服，法院可以强制执行。与此不同，社会规范没有集中的制定机构和执行机构，它从无数人参与的无数个重复博弈演化而来，我们每个人都是它的执行者。比如一个人在公共场合随地吐痰，这就违反了社会规范，这种违反社会规范的行为，我们每个人都有权制止。当然这里面也存在一个问题：如果你制止一个人随地吐痰，这个人反过来报复你怎么办？由于有这种担心，很多人就可能睁一只眼闭一只眼。社会规范没有国家权力做后盾，只有变成大家普遍认可的规则，每个人都觉得应该遵守它，而不遵守会受到其他人的谴责的时候，它才能得到执行。对大部分人而言，给定别人遵守，不仅自己遵守是最好的选择，而且谴责和惩罚不遵守的人也是最优的，那么我们就可以说社会规范达到了“纳什均衡”。如果大部分人预期别人会遵守，任何违反社会规范的行为都会受到大部分人的谴责，少数人的违规并不能破坏社会规范的约束力。

法律和社会规范并没有很明确的界限，我们国家在传统上讲的“礼”，是法律和社会规范的混合，是克服中国人的合作困境的主要制度。礼有很多来自民间，大量也是由民间执行的，但礼的一部分是通过政府执行的，如古代不孝之子会受到官府的鞭打。

伦理道德也是促进社会合作的重要制度。在有些情况下，道德伦理只是法律和社会规范的内在化，是从小受教育的结果。在日常生活中存在不少骗人的机会，我们不骗人可能是害怕法律的惩罚，也可能是担心舆论的谴责，但无论如何，总有些情况是因为骗人会使我们良心不安，这就是道德的作用。按道德伦理行事不是不理性，因为道德本身也是理性的产物，一个没有理性的人不可能是真正有道德的。

为了人类的合作，必须约束政府

人类为什么需要政府？就是为了走出囚徒困境，更好地合作。政府的基本功能就是保护个人的生命和财产的安全，保护个人平等的自由，因为只有安全和自由得到有效保证，人类才有可能合作。但另一方面，政府存在之后，它很可能变成侵害自由、侵害人类安全、破坏合作的一种力量。为什么呢？政府也是人管理的，与普通人不同的是，管理政府的人拥有使用合法暴力的垄断权。

中国人的概念中政府是一个“超人”，像上帝一样，没有自己的私利，无所不知，无所不能。其实天下没有这样的政府。每一个国家的政府都是人运作的，尽管这些人被称为国王、皇帝、总督、政治家或政府官员，他们和我们一样，既有自利的本性，也有无知的一面，他们同样会犯错误，同样可能会做损人利己的勾当。跟我们市场上的人不一样的是，这些人可以打着政府的名义，合法地强制我们做我们本来不愿意做的事情。政府的收入不是来自价格，而是来自税收，税收是强制性地征收的，不论我们对政府提供的服务是否满意。这与我们在市场上购买产品不同，市场上，任何违反个人意愿的强买强卖都是违法的。由于这个原因，政府很容易变成一个破坏合作的力量，所以怎么去约束政府就变成至关重要的事情。

怎么约束政府？我们知道过去主要是靠上帝、靠宗教、靠个人德性，在这些都没有办法阻止统治者胡作非为的情况下，人们就起来造反，推翻旧的政府，建立新的政府。人类过去五百年最大的观念进步，就是认识到皇帝、国王、政府官员也是自利的，仅仅靠上帝和个人德性没有办法约束他们，约束他们的唯一有效办法是把权力关在笼子里。这个笼子就是宪政和民主制度。

所谓宪政是什么？就是任何统治者都必须在宪法和法律之

下行为，不能有超越法律的权威，或者说，政府的任何权力都必须是法律明确授予的。民主更多的是指公民投票选举政府领导人，也就是“权为民所授”。大家不要以为多数人总是正确的，多数人同样可能犯错误，同样可能做出危害人类合作的事情。民主制度如果没有宪政约束就可能是多数人的暴政，这就是希特勒给我们带来的教训。所以一个国家如果没有宪政、没有法治，不可能有真正的民主制度。搞民主要先从宪政开始。

但宪政也是其他制度的需要，西方古代思想家大多数反对民主，但赞成宪政。亚里士多德的政治学里面的君主制是一种宪政，贵族统治也是宪政。他认为法律应该是最高的统治者，如果君主的权力不受法律约束，君主制就蜕变为僭主制；如果贵族的权力不受法律约束，贵族制就蜕变为寡头制。孟德斯鸠在《论法的精神》里主张的“三权分立”，指的也是君主权力要受法律约束，他最推崇的是英国当时的君主立宪制，而不是现代民主制度。

约束政府首先从建立宪政和法治开始，这是英国的历史，也是许多西方国家的经验。英国的宪政建设从1215年的《大宪章》开始，到1688年的光荣革命基本完成。英国的民主从1832年《第一改革法案》开始，将选举权从贵族扩大到中产阶级，到1928年完成，将普选权扩大到所有成年女性公民，历时96年。

所以说不只民主制度需要宪政，君主制也需要宪政，这是一个基本的历史事实。

有些人认为宪政会削弱政府的力量，这种认识是错误的。事实上，真正强大的政府是宪政约束下的政府。这是因为，自有了政府后，人类最大的博弈是老百姓和政府之间的博弈，即使在专制体制下老百姓也可以选择不合作（消极抵抗），而得不到老百姓信任的政府不可能是强大的政府。政府怎么让老百姓信任呢？口说无凭，只能用制度约束自己。宪政和民主类似政府对老百姓的承诺，有了这样的承诺，政府不能随心所欲想干什么就干什么，老百姓就会更信任政府，更愿意与政府合作。英国的历史就清楚地说明了这一点。光荣革命之前，英国政府的公债长期在200万英镑左右徘徊，不是政府不想多借钱，而是因为国王老赖账，债权人毫无办法，所以有钱人都不愿给政府借钱。光荣革命后实行了宪政，国王的权力受到议会的制约，如果国王不履行诺言，议会可以推翻他。人们对政府的信任增加了，政府借钱不再困难，国债规模不断扩大，1697年达到了1670万英镑，1720年达到5400万英镑，1790年达到24400万英镑，100年间增加了120多倍。如果没有这样的财力支持，英国不可能取得欧洲的霸主地位。这就是宪政的力量。

总的来讲，只有在宪政和民主制度下政府才能得到公民的信任，只有得到公民信任的政府才是真正强大的政府。放眼世界，哪些国家的政府最强大？一定是实行宪政和民主国家的政府，因为它们能得到老百姓的信任。

在宪政和民主下，人们遵守法律是出于对法律的敬重，而不是出于对法律的恐惧，人们从内心里觉得法律是公平公正的，应该遵守，所以，政府制定的法律可以得到更好的执行，人与人之间也就更愿意合作。在非宪政体制下，大部分人认为法律是为既得利益者服务的，是统治者奴役人们的工具，所以纵然严刑酷法，人们还是试图找到每一个机会逃避法律的制裁。这样的社会，人们怎么能有好的合作精神呢？

04

市场是最有效的合作制度

市场和自由实际上是同一个东西，如果你坚持市场经济，那你就应该赞成人类的自由选择，所以我说，市场就是自由，自由就是市场。

计划经济下中国人都生活在“囚徒困境”当中，市场化导向的改革开放就是为了走出囚徒困境，促进人与人之间的合作。

市场经济是陌生人之间的合作

前面讲到，为了合作，人类创造了很多制度，这些制度我们称为“游戏规则”。现在我们要专门讨论一下一个很重要的制度，即市场经济制度，它是经济学家研究最多的制度。

人们对市场制度有很多误解，有些人说市场就是让你追求私利，尔虞我诈，不管别人的死活，这样的认识是完全错误的。市场的真正功能是什么？是让人类更好地合作！而且从目前来看，市场也是促进人类合作的最有效的制度。今天，借助于市场的力量，人类的合作变得如此广泛、如此深入，以至于我们享用的每件产品都是全球合作的结果，这在二百年前是想都不敢想的。

市场经济下的合作不是简单的相互帮助，而是相互依赖。也就是说，在市场经济当中，每个人只是复杂的分工链条中的一环，任何人离开了别人，都没有办法生存下去。而每个人专注于一件事，就可以做得更好，这就是我们现在说的专业化分工给我们带来的好处。这个道理，两千多年前荀子就讲过，他说：“百技所成，所以养一人也，而能不能兼技，人不能兼官，离居不相待则穷。”（《荀子 · 富国》）正是市场经济，使得大范围的分工成为可能，人类才享受到分工带来的这种好处。两百多年前，英国经济学家亚当·斯密说，正是由于市场这只看不见的手，才有了分工和专业化。

传统社会也有合作，但只能是熟人之间，比如一个村里或者一个家族成员之间的合作，市场经济把人与人之间的合作扩展到陌生人之间，而且陌生人之间的合作主导着全社会。在市场经济下，与我们发生直接和间接交易的大部分人，甚至99%以上的人，我们都不认识，从来没有谋面，不知道他们生活在什么地方。比如你去超市买东西，这个东西是某某企业生产的，但你不认识它的老板，更不认识它的员工，这些你不认识的人确实是出于私利而生产，但他们必须实实在在地生产给你带来好处的东西，必须使你满意才能赚钱。所以市场是一个很奇妙的机制，谁还能想象出任何其他的制度可以把合作变成一个全球化的过程？市场化程度越高的地方，技术就越先进，进步就越快，新产品就越层出不穷，财富就越多。

市场制度之所以能把人类的合作提到如此高的程度，是因为它比较有效地解决了“无知”和“无耻”的问题。我曾说过，“人祸”的产生就两个原因，一是无知，二是无耻，特别是少数人的无耻和多数人的无知相结合，往往造成人类最大的灾难。

无耻是什么意思呢？就是你为了个人私利而损害其他人的

利益。市场的逻辑是什么？你要幸福，首先要使别人幸福。如果别人不幸福，你自己不可能幸福。所以在市场制度下，追求个人利益不会变成无耻的行为。市场竞争就是为他人创造价值的竞争。比方说，你要办一个企业，如果你的服务不好，生产不出质量好的产品，消费者不买账，你就赚不了钱。你的员工不幸福，你的企业也不可能搞好。竞争使每个人幸福，因为每个人幸福的前提是能够更好地为他人创造价值。我谈这一点，还有一个重要意思就是，在自由竞争的市场上，你赚的每分钱都靠你的本事，都代表你对他人所做的贡献，当然也有你的运气。我们知道，一个人幸福不幸福不仅取决于他是否有钱，更取决于他的钱是怎么来的。对大多数人来说，靠本事赚的收入意味着努力带来的成功，比别人施舍的收入可以带来更大的快乐。靠国家福利生活的人并不幸福，因为他们的收入不是凭本事赚来的。自由市场给每个人提供公平竞争的机会，让每个人都参与财富的创造，每一分钱都是自己努力的结果，所以人们心情舒畅。

市场也是减少人类无知的激励机制。生产需要大量的信息，人与人之间的合作需要大量的信息，如个人偏好的信息、技术的信息、资源的信息等等，但这些信息分散在许多人手中，获得这些信息需要成本。主张计划经济的人假定经济是静态的，所有的信息都是客观存在的，人们的需求是早就规定好的，资源和技术也是事前给定的，以为中央计划机关可以很容易地把每个人的信息加总起来。这是完全错误的，本身就是无知的表现。市场通过价格机制和竞争传递信息，减少了人类的无知。企业家要赚钱、要成功、实现自己的抱负，就得有足够大的能力和积极性搜集、加工决策所需要的各种信息。企业家最需要的是真实信息，政府部门不需要真实信息。

事实上，信息也是企业家行动的结果，是主观的，不是天然存在的、客观的。或许，市场经济的最大贡献是人类知识的进步。比如说，没有比尔·盖茨这样的企业家，就没有个人计算机市场，我们怎么可能统计出对计算机的需求？企业家通过自己的警觉和想象力判断新产品和新技术的价值，判断消费者的需求，并用盈利与否衡量该做什么和不该做什么，避免了人类的无知可能导致的许多错误。

我还必须强调一点，市场也是道德的基础。市场不仅是一只“看不见的手”，在参与者之间传递信息，也是一双“隐形的眼睛”，监督着每个人的行为。这是因为，市场上人们进行的是重复博弈，不是一次性博弈。市场是有记忆的，你做了什么坏事市场都会记下来，你做了什么好事它也会记下来。博弈论证明，重复博弈可以克服一次博弈中的囚徒困境，达致人与人之间的合作行为。在自由市场经济中，最适合生存的企业一定是最讲信誉、最值得消费者信赖的企业。这也是市场经济中人们之间具有更高信任度的原因。所以，凡是市场化程度高的国家，人们的道德水平就高，合作精神就强；凡是市场化程度低的地方，人们的道德水平就比较低，合作精神就比较差。比较一下中国和美国就很明显，所有去过美国、在美国生活的中国人都有很深的印象，美国人之间的信任程度比中国高。为什么？原因之一就是美国有一个相对完善的市场机制。

市场的基础是自由、私有产权和企业家精神

市场要达到这样的效果，就必须建立在自由、私有产权和企业家精神的基础上。

第一是自由。自由，意味着我们每个人可以做自己最擅长的事情，在分工中发挥自己的优势，而且能使我们的聪明才智得到最好的发挥。也正是自由，使得我们创造了好多新的思想、新的技术和新的产品。消费者买什么是他自己的选择，生产者生产什么也是自己的选择。如果我们剥夺了人们的选择自由，市场就不

会存在，互利合作就没有可能。比如我们国家很多生产活动受到政府限制，我们就不可能有真正的、完全意义上的市场。市场和自由实际上是同一个东西，如果你坚持市场经济，那你就应该赞成人类的自由选择，所以我说，市场就是自由，自由就是市场。

第二是私有产权。私有产权是人的自由的保证，没有私有产权，人们不可能有自由。只有在每个人的财产权利能够得到充分保证的情况下，人们才能有稳定的预期，才愿意和别人进行交换。如果没有私有产权的明确界定，自愿交换是不可能的，创造价值的合作也是不可能的。如果一个经济当中有大量的特权阶层，如果政府可以随意剥夺个人财产，如果自愿交易的合约得不到遵守，人们就不可能有通过分工而合作的积极性。产权不仅指有形资产的产权，也包括无形资产的产权，如知识产权和商标。如果麦当劳创造一个品牌以后，政府规定所有人可以免费使用这个品牌，麦当劳会创造这个品牌吗？不会。拥有这个品牌的人会用心维护这个品牌的价值吗？也不会。所以产权制度是市场有效运作的一个基础。我们国家市场秩序混乱的一个重要原因就是私有产权得不到有效保护。

第三是企业家精神。市场不会自己运行，能让市场运行起来的是人，企业家是市场经济的行动主体。人类群体中确实有这么一些人，他们比一般人更具有判断未来的能力，更具有冒险精神和警觉，或者说想象力，这种人我们叫企业家。企业家就是不断地发现别人需要什么，不断地创造出别人愿意支付价格的东西，也就是新的、可以被市场接受的产品。也正是通过企业家的创新活动，分工才不断深化，价值链才不断拉长，新的产业才不断出现。没有企业家，不可能有市场经济制度。人类自古以来就富有企业家精神，但只有在市场经济下，企业家精神才发挥到极致，从事于创造价值的活动。企业家不仅通过发现和纠正市场的不均衡而提高了资源的使用效率，而且通过创新给我们创造了新的产品、新的生产方式、新的产业，推动了经济的持续发展。企业家要预测未来，要做出判断，还要对自己犯的所有错误承担责任。正是企业家精神使得我们普通人无需借助于行政命令，就可以获得我们喜欢的产品和服务。全球分工和经济一体化，也是企业家精神的结果。

计划经济让中国人陷入囚徒困境

中国为什么要改革开放？为什么要用市场经济代替计划经济？很简单，计划经济下中国人都生活在“囚徒困境”当中，市场化导向的改革开放就是为了走出囚徒困境，促进人与人之间的合作。过去三十多年的经济成就，就是合作的结果，不仅是中国人之间的合作，而且是中国人与全世界人之间的合作，没有后一种合作，我们不可能取得这么快的经济增长，中国人的生活水平不可能有这么大的提高。

计划经济下，无论农村人还是城里人，都生活在囚徒困境中。我生长在农村，我从小就知道，如果所有的农民都好好干活，大家至少可以吃饱饭，但是没有人好好干活，每个人都在偷懒，偷懒的结果是什么？所有人饿肚子。具有讽刺意味的是，政府在农村强制实行“合作化”和“人民公社”是为了让农民合作起来，但实际结果是，自“合作化”后，农民越来越不愿意合作。自实行包产到户后，农民反倒有了合作的积极性，不仅很快就解决了自己的吃饭问题，而且城里人可以在农贸市场买到新鲜的农产品。

计划经济下，在国营企业工作的人同样生活在囚徒困境中。“铁饭碗”“大锅饭”意味着干好干坏都一样，国营企业职工改进自己福利的最好办法是偷懒。结果是工业品的普遍短缺。

这些当然不只是中国的问题，而是所有实行计划经济体制国家的问题。计划经济实验的经验证明，如果消灭私有财产制度，就消灭了人类合作的制度基础，人们就会陷入严重的囚徒困境。我们整个的旧制度，即改革开放之前的计划经济制度，客观上鼓励了人们想方设法不劳而获，绞尽脑汁占别人的便宜。我们没有工作的积极性，更不会有创新的积极性，所以我们国家与发达国家的差距越来越大。那个时候人们之间也有“竞争”，但主要是相互伤害的竞争，是政治斗争，而不是相互创造价值的竞争。我们当然也不会有公平、正义的观念，甚至连基本的人权都不会尊重，更不要谈什么道德底线了。

中国社会道德危机的原因

中国三十多年的市场化改革在经济方面取得了举世瞩目的成就，但遗憾的是，中国社会的道德水平并没有实现同等程度的提升。我当然不赞同那种认为现在的道德不如改革开放前的判断。那个时候，随便抓人、斗人，甚至杀人，大家都习以为常，甚至拍手称快。现在大家看到见死不救，已是群情激奋地谴责，这应该说是一个进步，至少说明我们的道德意识在复苏。但毋庸讳言，我们的社会确实存在严重的道德危机。问题是，道德危机的根源在哪里？我想很多人给出的答案是错误的，就道德本身来看道德，没有认识到道德危机的体制根源。

应该说，今天的道德问题既有历史的原因，也有现实的原因。今天的病，许多是几十年前埋下的祸根的发作。道德的破坏容易，恢复则需要很长的时间，正如俗话所说："病来如山倒，病去如抽丝。"最重要的原因仍然是20世纪50年代开始对私有产权制度的破坏。消灭私有财产制度一定会引起人的道德堕落，这不是什么新的理论，亚里士多德在两千年前就指出这一点。他认为，划清了各人所有的利益范围，人们相互间争吵的根源就会消除，人们的博济公益精神反倒会增强。在一个一切财产归公的社会，人们没法做出一件慷慨的行为，谁都不会表现施济的善心。

看看农村的例子。在传统的农村里，什么样的人最适合生存？勤劳的人，诚实的人，善良的人。只有这样的人才能够发家致富，人丁兴旺，他们也是所有农民学习的楷模。而那些耍奸偷懒的人，不仅贫困潦倒，而且被大家看不起。合作化和人民公社化以后，一切都颠倒了。勤劳没有了，诚实没有了，善良也没有了。我小的时候老农民还比较勤劳、实诚，年轻人耍奸偷懒不老实，但是到我长大的时候，老农民也开始耍奸偷懒了。

我们再看看现实，今天中国坑蒙拐骗这么多，为什么？根本原因是私有产权得不到尊重，政府对经济活动任意干预，结果是，人们没有稳定的预期，只愿意玩一次性博弈，只考虑眼前利益不考虑长远利益，陷入典型的囚徒困境。当一个煤矿的开采随时可能被政府叫停的时候，矿主怎么有积极性投资昂贵的安全设备呢？他不是真正的矿主，政府才是真正的矿主。

人们的道德行为与社会是否公平有关。当一个社会少数人可以通过特权获得巨额收入、政府官员腐败严重的时候，人们就会认为社会不公平，这个社会就不可能有真正的道德。举一个简单的例子。20世纪80年代的时候，自行车铃被盗很普遍。设想你是一个有道德的人，第一次别人把你的车铃偷了，你再买一个，第二次又被偷了，你还买一个换上。第三次、第四次呢？我猜想你更可能把别人自行车上的铃拧下来安在自己的自行车上，或者干脆不安铃了，因为你认为这个社会太不公平了。类似的，或许你一开始想本本分分做生意赚钱，但当你看到别人靠政府关系就可以搞到一块地或一个批件赚大钱，而你自己却不断被政府官员敲诈勒索的时候，你心理能平衡吗？在一个不公平的社会，要让人们守住道德底线太难了。

此外，意识形态控制导致严重的语言腐败也在毁灭人的道德。语言腐败就是通过在词汇上偷换概念来为不正当的行为提供正当性理由，冠善行以恶名，或冠恶行以善名，如把说真话称为“负能量”，把歌功颂德说成是“正能量”，把“黑打”说成是“打黑”，等等。语言腐败带来什么后果？一个后果是道德堕落。美国独立战争时期的思想家托马斯 · 潘恩说过，如果一个人堕落到宣传自己根本不相信的东西的时候，他已经做好了干一切坏事的准备。人类的合作从语言的表达开始，言行一致是道德的底线。突破了这个底线，就从心理上拆除了道德藩篱。当一个人可以信口开河，说各种自己都不相信的谎言的时候，他已人格分裂了，还有什么心理障碍能约束他不做违反道德伦理的事呢？当说谎已成为普遍的社会文化的时候，一个生产假冒伪劣产品的小商人怎么会觉得自己受到良心的谴责呢？确实，与某些政府官员的弥天大谎比起来，生产假冒伪劣产品根本算不上什么。

道德危机也与我们社会中合法性和合理性的冲突有关。一个正常社会，合法的就应该是合理的，合理的就应该是合法的，二者应该是统一的。合理性也可以说是符合自然法精神，是“上帝”给我们规定的法则，或者有利于人类合作，被人们普遍接受的法则。合法性是指符合政府规定的法律和政策。政府的法律必须要符合上帝规定的法律，符合人性，才有利于人类的合作。但在我们国家，好多政府制定的政策不符合人性，不符合自然法，不利于人类的合作。这就出现了合理性和合法性的冲突。我们究竟应该按照合理性去行动呢，还是按照合法性去行动？有道德的人可能会选择按照合理性去行动，但合理性与法律的矛盾到一定程度就可能摧毁了道德边界。举一个例子：一个医生的合理报酬是多少，应该是由市场决定的。假定他的合理报酬应该是 50 万，但政府规定他只能拿 5 万，这时候就出现了合理与合法的冲突。如果他意识到自己受到不公平的对待，他就可能收红包，但收取红包之后，他的职业道德观念就跟原来不一样了。如果他可以合法地每年拿到 50 万薪水，他会觉得自己很有尊严，从事的是一种神圣的职业，他的敬业精神就会非常好。但如果他偷偷摸摸拿钱，即便最后拿到 80 万、100 万，他也觉得自己活得没有尊严，医生这个职业不再神圣，这时候他的职业道德就很可能出问题。

总结一下，我们只有建立起基于私有产权的市场经济，中国才能真正变成一个合作型社会，我们才可能有良好的社会秩序，中国社会的道德水准才能真正提升，我们才能真正有博爱之心。只有实行真正的法治和民主，我们才会有真正的市场经济。只有公平正义，中国人才能活得有尊严。而要完成这样的改革，我们不仅需要商界的企业家，也需要制度企业家，也就是改变游戏规则的理论家和锐意改革的政治家。

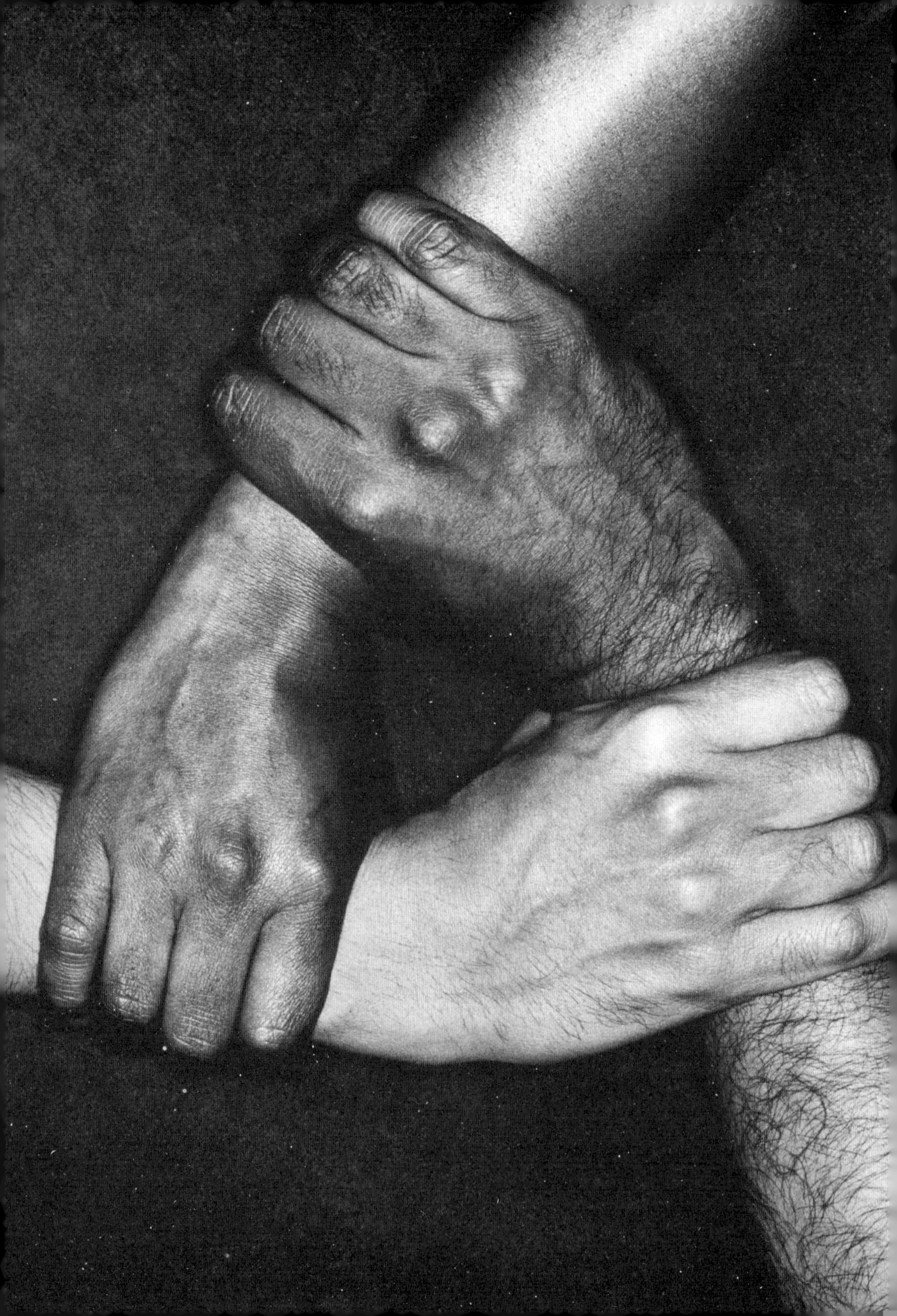

05

市场与道德

市场从不试图改变人的本性，拥护市场的人没有想过用市场改变人的本性。相反，正因人的本性没有办法改变，我们才需要市场经济，也才有了市场经济。

宗教的逻辑是通过改变人的心来达到善的行为，市场的逻辑不改变人的心，而是规范人的行（行为），即以利人之行，实现利己之心。

市场经济需要道德基础，但这一道德只能在市场中实现和找到，也可以反过来说，道德需要建立在市场的基础上。

从道德看市场

自亚当·斯密1776年出版《国富论》以来，有关市场经济制度优劣的争论从来就没有停止。拥护者和批评者之间争论不休，谁也说服不了谁。究其原因，很大程度上在于市场拥护者主要从经济效率的角度证明市场的优越性，把道德制高点留给了市场批评者。结果，给普通人留下的印象是：市场经济有利于生产效率和技术进步，但不利于公平分配和社会正义；市场竞争有利于富人和强者，不利于穷人和弱者；追逐利润有利于物质财富的增长，但导致贪婪和道德堕落。普通人似乎只能在物质主义右派与道德主义左派之间选择。

这样的印象当然是错误的。美国企业研究所所长亚瑟·布鲁克斯是自由市场制度的坚定捍卫者，他在《通往自由之路》中从社会正义和道德的角度捍卫市场经济。布鲁克斯认为，自由是人类追求幸福的权利；个人幸福来自“获得的成功”（用亚里士多德的话讲，就是在理性精神的指导下实现卓越）；自由企业制度为每个人提供平等的机会，让人们各尽所能获得成功，使人活得有尊严；自由企业制度也最有利于人类同情心的彰显。市场经济制度给普通人带来最大的幸福，是人类创造的最道德、最公平的制度。

美国是最市场化的国家，美国也是最慷慨的国家。美国每年的慈善捐款加起来大约3000亿美元，超过芬兰、葡萄牙、秘鲁等国的GDP，其中3/4来自私人捐款，1/4来自公司和私人基金会。70%～80%的美国家庭每年都做慈善捐款，平均捐款额超过1000美元；50%～60%的美国人每年都提供志愿者服务，平均接近50小时。以人均算，没有任何其他发达国家的慈善捐款和志愿者服务时间接近美国，更不用说发展中国家了。

美国人为什么比其他国家的人更慷慨？原因不仅仅是美国人富有。富人确实给出更多的捐款，以捐款人的名字命名的众多公益基金会的存在就说明了这一点。但按占收入的比例计，在美国，工作的穷人的捐款比例高于富人和中产阶级。更重要的是，数据显示，慈善行为与人们的意识形态和对政府作用的信念高度相关。相信自由市场制度的人比相信大政府主义的人更慷慨，无论用捐款额还是志愿者服务时间衡量都如此。以对收入分配的态度为例，1996年，不同意“政府有责任减少收入不平等”的人的平均慈善捐款4倍于持相反观点的人，这一差距与教育水平、收入、年龄、性别、婚姻状况等因素无关。其他非货币形式的慈善也如此。平均而言，同意“政府有责任减少收入不平等”的人提供的志愿者服务远小于持相反观点的人。2002年的调查显示，与认为政府在社会福利上花钱太多的人相比，认为政府在社会福利上花钱太少的人更不愿意献血，更不愿意为陌生人指路，更不可能返还收银台多找的钱，也更不可能为无家可归者提供食品和金钱的帮助。这些大政府主义者在约会中也更可能不守时间。

为什么有这样的差别？原因在于，主张大政府的人认为，帮助穷人是政府的责任，与自己无关；而相信自由市场的人认为，帮助穷人是每个人的责任。这表明，大政府主义者更可能是“精致的”利己主义者，更缺少亚当 · 斯密讲的同情心。这一点令人震惊，但真真切切。中国的观察也证明这一点。比如说，茅于轼先生是坚定的市场主义者，但在中国经济学家中，他也是做慈善活动最早、最多的经济学家。从创立农村小额贷款，到创建富平家政学校，再到创办乐平基金会，无不彰显这位自由主义经济学家的爱心和同情心。他做慈善事业的口号是：赚穷人的钱，帮助穷人赚钱！赚穷人的钱意味着你必须满足穷人的需要，为穷人服务；帮助穷人赚钱意味着帮助他们成功，使穷人脱贫变富。

人是以自我为中心的

关于市场经济，学者（包括经济学者）都要保有这样一种认识：市场本身没有改变人的本性。确实，市场从不试图改变人的本性，拥护市场的人没有想过用市场改变人的本性。相反，正因人的本性没有办法改变，我们才需要市场经济，也才有了市场经济。市场使人的行为更符合善的要求。

人的本性是什么？宽泛点说，就是几乎所有人，都是以自我为中心的（self-centered）。我不说人一定是自私的，但是人是以自我为中心的，在这一点上，亚里士多德和孔子这样看，亚当·斯密也这样看。

亚当·斯密说同情心普遍存在，即使最坏的人也有同情心，但所有的同情心都是围绕自己展开的，同情心的大小，一是与物理上的距离有关，二是与生理上的距离有关。人因为能设身处地，才会同情他人；因为能将心比心，才有“己所不欲，勿施于人”的可能。看到自己的亲人过世，比看到几千公里外非洲人过世时的同情心肯定要强烈；看到猴子被杀，比看到蚂蚁被杀时的同情心也要强烈。为什么？因为猴子比蚂蚁与人的相似性更大。而你对蚂蚁的同情心，可能比对植物的同情心更强烈，因为动物在形象上、生理上跟人的相似性比起植物来更大。所以同情心是建立在以自我为中心的基础上的。

并且，即使利他主义也是以自我为中心的。为认识的人牺牲自己利益的人，比为不认识的人牺牲自己利益的人多；拔己一毛而利天下的人比比皆是，但舍己一命而救他人的寥寥无几。这些，亚当·斯密在《道德情操论》里都讲到了。

按照我的理解，儒家的一整套伦理体系也是建立在以自我为中心的基础之上的。儒家伦理是有等级的，为什么从亲情孝悌扩展到宗族、国家层面？因为人是以自我为中心的。爱国主义也是以自我为中心的表现，否则你为什么不爱其他国家甚于爱自己的祖国？

事实上，关于人性的假设，无论科学的宗教的，古代的现代的，中国的外国的，都一样。所有的宗教都假定人是以自我为中心的，这与经济学的基本假设没什么不同。亚当·斯密如果不假定人以自我为中心，就不会写出《道德情操论》，也不会写出《国富论》。同样，孔子如果不假定人以自我为中心，就不会有儒家的道德伦理系统。正因为以自我为中心的这个本性可能带来问题，人类才需要被教导，才产生了宗教。儒家内部有人性恶、人性善的争论，西方启蒙思想家霍布斯和洛克对自然状态下人的行为描述也大相径庭。但这些都不重要，重要的是从根本上，他们都假定人是以自我为中心的，一切主张都从这个假设展开。

市场的逻辑和宗教的逻辑

这就带来一个问题：人是以自我为中心的，但任何人要生存都离不开他人的合作和协助，人类怎样从以自我为中心到达合作和互助？或者说，自利的本性如何能够给他人带来好处，而不是伤害？

每个人都希望生活幸福，都不断追求更美好的生活。实现这个目标的手段，归纳一下，大概两种：第一，是通过让别人不幸福而使自己幸福，即用伤害别人的方式为自己得到好处。我称之为“强盗的逻辑”。第二，是通过让别人幸福使自己变得幸福。我称之为“市场的逻辑”。仔细想一下，市场的逻辑其实也是宗教的逻辑，所有宗教都教育人要积德行善，也就是通过利他而实现自己的幸福。比如，老子讲“既以为人己愈有，既以与人己愈多”；佛教主张通过了悟“空性”达到“无我”的境地，以“普度众生”来实现自己的幸福。当然，无我要修炼才能达到，不是天生无我，要是天生无我就没必要修炼了，也就没有宗教了。从这方面讲，宗教的逻辑和市场的逻辑最大的不同是，宗教的逻辑是通过改变人的心来达到善的行为，市场的逻辑不改变人的心，而是规范人的行（行为），即以利人之行，实现利己之心。

我有一次去山西榆次，看到县古衙门有一副对联，大概如此：

百善孝为先，原心不原迹，原迹贫门无孝子；

万恶淫为首，论迹不论心，论心世上无完人。

什么意思呢？善以心论，恶以行断。一个人是否是孝子，不能看这人给了父母多少钱、盖什么房子、买什么车，如果这样，穷孩子就没办法当孝子了。但判断一个人是不是恶人，不能看有没有恶的动机，而要看有没有恶的行为。道德伦理规范的是行为，而不是心。这就是宗教和市场逻辑的基本差别。市场不求改变人的心，只求改变人的行为，市场就是你必须通过满足别人的需要来实现你自利的动机。从这个角度讲，市场本身是最讲伦理的，它使得你不能伤害别人，你致富也好，地位提升也罢，一定得建立在给他人创造幸福、为社会创造财富的基础上。

认为市场的逻辑和宗教伦理对立，是完全错误的。与市场的逻辑真正对立的是强盗的逻辑。强盗的逻辑随处可见。值得注意的是，有些强盗行为的出发点可能是善意的。当然，在现实的市场经济中，这两种逻辑是共存的，有些人赚了钱不是因为给别人带来了幸福，而是因为给别人带来不幸，但这本身不是市场的逻辑。从长远看，在市场中一个人能持久致富，一定是靠诚实守信，而不是靠坑蒙拐骗，如司马迁所言，“廉吏久，久更富，廉贾归富”。

市场给每个人发财致富的机会，只要你为别人创造价值。健康的市场中谁赚钱最多？就是服务人数最多的人。一个保姆，只能服务一个人或一家人，挣不了多少钱，但是生产 iPad 或 iPhone，就可以服务几千万人，几亿人，赚的钱就多得多。市场就是按照你给别人带来幸福的多少回报你。给别人带来的幸福越多，赚的钱就越多；给别人带来的幸福越少，赚的钱就越少，这就是市场的逻辑。

正是在这个意义上，我们说，市场制度是最符合伦理道德的。当然，人们对市场的偏见是有心理学基础的。根据心理学家的研究，我们往往把成功归于自己的聪明才智，而失败了总怨恨别人；我们常把自己看得比本来高尚，把别人看得比本来卑鄙。赚不到大钱的人，往往有这样一种心理：不是我没本事，而是我道德水平太高，不愿骗人。那些人为什么能赚大钱？心黑！这是一种自我安慰。现实生活中，批评别人道德水平差的人，相当一部分道德水平最差。贪婪的人最有可能要求别人大公无私，因为他们喜欢占领道德制高点，忽悠别人以谋取私利。

关于市场和伦理的关系，从古到今还是有好多误解，有必要澄清。大家都同意，通过给别人带来幸福从而使自己变得幸福，是符合伦理的。但我的观点是，仅仅靠说服人，作用有限，真正做到通过给别人带来幸福自己才能幸福，还得靠制度。这个制度就是自由竞争的市场制度。如果没有自由竞争，搞政府垄断，只允许一部分人做生意，这就不是市场的逻辑，而是强盗的逻辑，就无道德伦理可言。像中国的国有银行，赚那么多钱，有相当一部分是靠强盗的逻辑。市场准入是垄断的，利息是政府规定的，你存款时它只付百分之一二的利息，而它贷款时收取百分之五六的利息，这么大的利差，傻瓜都能赚钱。所以说，银行的高利润，相当一部分来自对储户的剥削，而不是它们创造的价值。

微观层面上，每个人做事都是有目的的，每个人都有一双看得见的手去实现自己的目的。宏观层面上，市场是双看不见的手，这双看不见的手监督看得见的手一定不能偷偷干坏事。看不见的手一定是帮助别人的手，而不是伤害别人的手。如果在宏观层面上还有一只看得见的手，这时候市场就可能无能为力，这只看得见的手很可能会伤害别人，而不是给别人带来幸福。

道德只能在市场中实现

前文的意思不是否定宗教的、伦理的追求，它们和市场本身是一样的，使人有善的行为，只是宗教和伦理是从人心的角度去考虑问题，市场是从行为上考虑问题，“原迹不原心”。

亚当·斯密认为，在竞争的市场上，一个人追求自身利益并不是什么坏事，并不是恶的行为。相反，他这样做的时候给社会带来的好处比他直接去追求社会利益时还要大，还要好。这就是亚当·斯密的伟大之处，他看到常人看不到的东西，现实中也确确实实如此。很难说搞计划经济初始的目的有多不好，但看看它的后果，却是灾难性的，而那些卖瓜子的人，出发点不过是自己赚钱，但他必须做出别人喜欢吃的瓜子才能赚到钱。

其实亚当·斯密的基本思想两千多年前司马迁就提出了。他说得很清楚，人们追求快乐幸福你是没有办法改变的，你劝说是没用的。“故善者因之，其次利道之，其次教诲之，其次整齐之，最下者与之争”，就是要顺其自然，政府不要搞那么多的规划，那么多的产业政策，征集动员大家干这干那。所以，我认为司马迁是人类历史上第一个自由市场的坚定的主张者、捍卫者。

早司马迁几百年的老子，是人类历史上第一个自由主义者。

老子承认人们追求幸福的正当性，对政府干预政策对人类幸福的危害有深刻的认知，但他没有理解市场的奥妙，所以他教导人们，追求幸福的办法是节制欲望，清心寡欲。与老子不同，司马迁深刻认识到，节制欲望不是追求幸福的最好办法，市场经济可以将人的利己之心变成利人之行，农工商虞，分工合作，“各劝其业，乐其事”，“各任其能，竭其力”，财富就像水从高往低流一样，不召自来，不求自出，“上则富国，下则富家”，是最自然而然的事情。他并且认识到，财富是道德的基础，所谓“仓廪实而知礼节，衣食足而知荣辱”，“礼生于有而废于无”。

市场经济还有一个特点，那就是在竞争中只有着眼于长远利益的人，才能够真正赚钱，所以市场经济里的人特别注重自己的名声。一瓶矿泉水是某个品牌企业生产的，但这个矿泉水公司的老板我不认识，员工我也不认识，我为什么能够放心地喝它？就是因为利润制度的作用，你的利己之心，一定要变成利人之行。宗教、伦理，我觉得和市场没有任何矛盾，只是考虑问题角度不一样。

有一点要强调，利他主义并不能解决人与人之间的冲突。比方说，一个东西我说两块卖给你，你说不行，得五块才买，我说五毛就行了，你说不行，得二十块，这个交易绝对成交不了，因为都太为对方考虑了。市场是建立在以自我为中心的基础之上的，所以才能讨价还价，才有利益均衡，如果都是慷慨君子，交易价格反倒没办法确定了。

市场经济需要道德基础，但这一道德只能在市场中实现和找到，也可以反过来说，道德需要建立在市场的基础上。因为善的动机既可能做好事，也可能做坏事。我们需要一个制度，使你要满足自己的利益，必须首先满足别人的利益。我这么讲是有依据的。从世界范围看，哪个地方市场经济比较发达，比较健全，哪个地方人的道德水平就更高，更诚实守信。不诚实守信的企业是存在不下去的，很快就会完蛋。相反，哪个地区的市场经济不发达，受到政府的干预多，哪个地方坑蒙拐骗就多。

当然我不否认修心很重要，但修心本身也是自我利益的需要，因为一个人的幸福很大程度上依赖于别人对自己的认可。我们希望自己比别人好，希望受人尊重，所以希望有个好名声，但这些本身也是自我中心为基础的需要。人的道德、善心，一定是基于以自我为中心建立起来的。套用亚当·斯密的话，劝人们行善的最有效方法是告诉他，这样做是他自己的利益所在，而不是别人的需要。如果一个人不关心自己，不在乎自己，你怎么打怎么骂我都无所谓，我又何必关心他人呢？

否定市场逻辑让社会变得虚伪

如果社会不注意制度建设，不尊重人权、财产制度，仅仅靠说教，最后恰恰是人人都变得虚伪。

过去研究伦理学和研究市场的学者之间误解太多，其实人类的分歧好多都是由误解而来，是无知导致的。在化解分歧和误解上，伦理学者和经济学者应该像亲兄弟，因为要达到的目的是一样的。伦理道德和市场的研究在未来应该完全成为统一体。事实上，西方中世纪的时候，经济学不过是伦理学的一部分。我是搞经济学的，从来不否认道德伦理的重要性。制度是大框架，同时人的行为也要道德伦理准则的指导。

由于人是无知的，教育就变得很重要。但教育的目的不是给人灌输什么“大公无私”的教条，而是让人明白事理，不犯傻。因为人类天性上容易把眼前利益看得更重，教育就是让人们更懂得自己的长远利益之所在，不要为短期利益牺牲长远利益。就像我经常给企业界讲的，什么是企业？一个企业真正的竞争力是什么？是你的声誉，是名声。要让一个人看得远一点，需要有好的制度，还需要好的理论研究创造好的观念。

中国教育的最大失败是在哪里？不仅仅是抑制了青年人的

创造性，消灭了他们的好奇心，最大的失败是使人变得虚伪，说假话不再脸红！西方没有一个企业贴标语说要诚实守信，不用贴，这是自然而然的，这就是市场。丢掉了市场的逻辑，丢掉了基本的市场规则，只能用虚无缥缈的说教，最后就是言行不一。而言行不一，正是最大的不道德。

06

和谐社会的三个要素

我认为和谐社会包括三个重要的要素：第一，是有一些绝大多数人都认可的核心价值观念；第二，要有一个与核心价值相一致的游戏规则，或者说行为规范；第三，要有社会组织形态的保证。

和谐社会是人类存在以来就一直追求的目标。我认为和谐社会包括三个重要的要素：第一，是有一些绝大多数人都认可的核心价值观念；第二，要有一个与核心价值相一致的游戏规则，或者说行为规范；第三，要有社会组织形态的保证。比如在儒家理想的和谐社会中，仁、义是它的核心价值观念，礼是它的核心行为规范，宗族与家庭是它的组织形态，就是说，通过宗族与家庭来保证这种核心观念的推行和行为规范的维系，所以，儒家十分强调宗族与家庭在维持社会秩序中的重要性。

绝大多数人认可的核心价值观

首先，社会的核心价值观念对于和谐社会的建立是十分重要的，如果没有一个社会上大多数人都认可的核心价值观念，那我们对于是非的判断就会失去评判的标准，同样的事情会有不同的看法，而且很可能南辕北辙，在这种情况下是不可能达到和谐的。

我们今天想建立和谐社会，需要建立一些基本的核心价值。其中，很重要的一条就是对个人基本权利的尊重，这种对基本权利尊重的进一步延伸就是对产权的尊重。事实上，产权不仅是人的基本权利，也是个人自由的基础。如果一个社会对个人产权不能有很好的法律保护和文化心态上的尊重，人们都热衷于争夺和瓜分他人的财产，就可能带来更多的冲突而不是和谐。所以，我们很难看到一个不尊重产权而能保持和谐的社会。

对产权的尊重进一步延伸就是对企业家地位的尊重。在经济生活中有一些活动面临不确定的前景，需要冒风险，应对这些不确定性和冒风险的行为本身就应该得到一定的补偿。如果我们不承认企业家的作用、地位和报酬形式，本身就是一种不尊重产权的行为，于是在这个社会中，人们想得更多的就可能不是怎样去创造财富，而是把更多的精力花在怎样去分配或者争夺财富上，这个社会就不可能和谐。

企业家的活动一般都充满了风险，比如许多人去做同样的事情，可能只有少数人有机会成功，能够使得人们愿意做这件事情的条件就是成功者所获得的报酬要超过所有投资者付出的总成本。比如，10 个人每人投资 100 万，只有 2 个人成功，那么每个人都面临着 20% 的成功概率，成功者所要求的报酬就起码应该是 500 万。进一步，如果考虑到人们对于风险的规避态度，这个报酬就应该超过 500 万，可能是 600 万或者 700 万了。所以从事后来看，分配可能是很不平等的，有人一无所有，有人却得到了好几百万；但是从事前来说，却是很公平的，因为每个人都有平等的机会去冒这个风险。在机会均等的前提下得到的分配不均等的结果如果不被承认，实际上也就否认了我们对机会均等的尊重。

核心价值观还应该包括对帕累托改进的认可。也就是说，如果我们进行了一项变革，这项变革不会使任何人受损，而至少有部分人得到好处，那我们就应该承认这项变革是合理的。如果连这一点我们都不承认，那任何变革都不可能发生，我们的社会就无法取得进步了。更一般地，我们还要承认自愿、自由的交易和订立契约的权利，如果我们不承认这种权利，那就意味着会允许一部分人把强权强加给另外一些人。

核心价值观本身是相对稳定的，但又不是一成不变的。比如现在在处理国家之间关系的时候，我们就不能用几十甚至几百年前那种互相掠夺的价值观念来指导。我们需要认识到，自愿的交易，无论在个人之间、组织之间还是国家之间都是双赢的。比如全球化，这件事情本身是可能把蛋糕做大的。如果把国家之间的关系仅仅理解成为简单的财富分配问题，这就可能不对了。再比如对知识产权的保护，我们也能从核心价值观出发来谈这个问题。为什么我们要保护美国人的知识产权？因为如果不保护美国人的知识产权，我们也很难激励中国人去创新，如果中国人没有积极性去创新，那么我们也很难在国际竞争中树立我们的地位。

在一定程度上，经济学领域的这个价值观也能推广应用在其他领域。我相信，虽然不同学科的研究方法不一样，但是我们面临的问题以及目的都是一样的，都是如何让人类活得更幸福、更和谐。

和谐社会的核心价值的形成，需要一些思想家和学者来倡导。儒家的核心价值观念是由孔子和他的弟子们倡导的；现代西方社会的核心价值观念是由文艺复兴和启蒙运动的学者倡导的。今天中国的学者同样负有这样的使命。

孟子两千多年前说过，有恒产者有恒心，无恒产者有恒心的只有“士”这一类人，也就是我们今天说的学者、知识分子。因为掌握知识的人应该有比一般人更开阔的视野，应该比一般人更多地考虑国家和民族的长远走向。鉴于大部分人只是忙于日常生活，而这些有知识的人相对比较超脱一些，所以这些人应该在历史发展方向的形成中起到引导作用。核心价值观的形成不是一个简单的完全自然的过程。我们古代儒家的学者其实对中国两千多年的核心价值观的形成起到了关键的作用。美国的宪法也不是全民投票投出来的，而是少数精英制定的，所以我们不能否认精英在引导社会变革中的重要性。

当然，知识也存在主观方面的局限性，这个问题只能通过百家争鸣来解决。比如，春秋战国时代的诸子百家，他们各自的核心价值观和游戏规则都各不一样，最后儒家思想赢得了这场竞争（当然用政权的力量“废除百家，独尊儒术”是不对的）。现在也一样，不同学科之间也在竞争，而无论是哪个学科，我们都有责任引导这个社会往一个正确的方向走。

合理的游戏规则

这些核心价值观要指导我们处理大量的利益冲突，协调大量的活动，这个时候游戏规则就变得十分重要了。古人讲的“君君臣臣父父子子”，就是行为规范。没有明确的游戏规则，我们遇到了情况不知道如何处理，这个社会也就不可能和谐了。

这种游戏规则包括两类，一种是法律，一种是社会规范（social norm），也就是狭义的文化。法律的重要性好像没有什么分歧，但我们对社会规范的重要性认识不够。因为社会生活实在太复杂了，我们无法要求把所有社会规则都变成法律，所以在法律之外我们还需要一些社会上都承认的不成文的规则来指导我们的行为。进一步讲，道德规范也是很重要的。

在这里，我要强调一点，法律发挥积极作用的前提一定要法律本身是合理的，其合理性来自前面我所说的价值判断。如果法律本身不符合一般人接受的价值判断，那么这些法律就是“恶法”。如果在一个社会中“恶法”太多，这个社会也不可能和谐。

在一个理想社会中，合理的就应该是合法的，合法的一定是合理的。目前我们社会中存在的大量合理的却不合法、合法的却不合理的现象，这需要我们通过体制改革去改变。如果这种现象不改变，那我们在遇到这种现象时就无所适从。

假如你遇到了一个合理但不合法的事情，你应该做还是不做？从一个人的社会责任角度来讲，你应该去做；但是从个人的风险角度，你就不应该去做了。同样，如果你遇到了合法但不合理的事情，如果你去做，你不需要承担法律责任，但是如果你真的做了，就可能对整个社会带来很大的伤害。所以我们需要通过游戏规则的修改，使得合理性与合法性能够最大限度地一致起来。这是我们建设和谐社会面临的一个非常重要的任务。

社会组织形态的保证

我前面提到，在儒家的和谐观念里，宗族与家庭起到了很大的作用。通过连带责任，宗族与家庭规范着每个人的行为，然后投射到整个国家，维系着整个传统的社会秩序。

在现代社会中，家庭仍然是一个重要组织，但我想还有一个更重要的组织，这就是商业企业。如前所述，市场经济促成了陌生人之间的合作，实现了人类在全球范围内的普遍合作，这是传统宗族家庭所无法想象的。而市场经济的基本组织，就是一个一个的商业企业。

现代的企业组织对于保持社会诚信和社会秩序是非常重要。比如我们去跟一个陌生人买东西，我们可能不放心这些东西的质量，担心自己受骗上当。但如果有一个企业在出售产品，这个企业非常重视自己的信誉，重视长期利益，在这种情况下，我们跟他们进行交易可能就会比较放心。

事实上，现代市场秩序很大程度上是靠大的、有品牌的企业来维持的。大企业背后有许多小的企业，这既是一个价值链，也是一个诚信责任链。比如一个大的超市背后有成千上万家供应商，消费者没有能力对每家供应商都进行监督，于是就把监督这些供应商甚至更上游企业的责任交由这些大超市来承担了。所以，这个大超市价值的很大一块就在于帮助我们监督这些上游生产厂家。如果没有大企业，市场就会混乱不堪。

进一步，企业组织要起到维持市场秩序的责任，必须有真正的所有者才行。所有者实际上就是企业信誉价值的索取者，他要对消费者负责，要为企业的其他成员承担连带责任，就像传统社会中家长对家庭成员承担连带责任一样。如果企业没有真正的所有者，就没有人关心企业的信誉，市场秩序就建立不起来。而要使所有者关心企业的信誉，对商标等无形资产的法律保护就非常重要。这样，我们又回到了一个基本道理：没有对产权的有效保护，就没有和谐社会可言。

除了企业，现代社会还有一类很重要的组织就是非政府机构和非营利机构。有一些事情无法完全靠营利性机构来做，也不可能靠政府部门做好，由非政府的非营利机构做更合适一些。非政府组织也是人们表达爱心的有效形式。所以，大力发展非政府组织和非营利组织，对于建设和谐社会也是非常重要的。

07

中国经济的奇迹来自市场化改革

回顾改革开放三十年，我们取得的成就几乎都来自市场化的改革，我们存在的问题根本上源于市场化改革还不确定，政府拥有的权力还太大，企业家的作用还没有能够真正彻底地发挥出来。

由邓小平发起的中国经济改革，已经走过了三十年的历程。回过头来看，三十年前，当我们出发的时候，有两点是我们没有预料到的：第一，我们没有预料到改革的路程如此漫长。最初，改革者设想大约需要五到十年的时间完成改革；即使到20世纪80年代中期，许多改革者仍然乐观地预期，到1990年，最晚到1995年，改革应该画上一个句号（所以有“三五八”改革规划）。但三十年过去了，中国仍然处在改革的过程中，我们仍然不知道改革将终于何时。第二，我们没有预料到中国的经济发展速度如此之快，改革的成就如此之大。20世纪80年代初邓小平提出到2000年国民收入翻两番的目标，不少人抱有怀疑态度，甚至觉得有些冒进。但事实证明，中国经济的发展比邓小平预期的还要快。在过去的三十年里，中国的人均GDP每十年不到就翻一番，到2007年，已接近2500美元。中国的经济总量在世界上的排名从1978年的第13位上升到2007年的世界第4位。中国进出口占世界贸易的比重从1978年的第23位上升到2007年的第3位。当初，我们也不可能预料到三十年后，人民币汇率会成为国际经济问题；我们更想不到，到2007年的时候，世界市值最大的十大上市公司有五家是中国公司。*

* 本文写于2008年。

诺贝尔经济学奖得主科斯教授讲："过去二十五年到三十年里中国发生的事情不仅非常重要，而且出人预料，无论如何对我是这样。如果当初有人告诉我们如此大的经济转变会在如此短的时间内发生，我是不会相信的。但它确实发生了。"

在我看来，中国改革路程如此漫长，改革成就如此之大，都来自一个共同的原因，就是中国在三十年的时间里，走了一条以市场化为导向的改革道路。当初，我们不仅没有认识到建立市场经济是如此艰难，更没有认识到市场经济创造财富的威力是如此之大！

要理解中国过去三十年的经济改革及其成就，我认为以下四点最为关键。

第一，从基于职位的权利转向基于财产的权利。

计划经济的产权是建立在职位基础上的权利（position-based rights），市场经济的产权是建立在财产基础上的权利（property-based rights）。这是我们理解从计划经济到市场经济转轨的一个重要线索。

计划经济下个人拥有的权利依赖于其在政府系统中的职位，个人对于社会资源配置的控制和享受是由个人的"官位"和"身份"决定的，职位越高，控制权越大，享受也越多。在这样的体制下，人们要获得对财富的支配权和使用权，首先要获得职位。怎么获得职位，获得什么样的职位，不是依赖个人为社会创造了多少财富，而是依赖于更多其他的原因（如社会关系），依赖于某种泛政治化的过程，泛官僚化的过程。因此，谋求职位和追求幸福的过程并不表现为社会财富的创造过程，而更多地表现为财富再分配的过程、权力寻租的过程。大量的社会资源和个人才能被用于相互斗争，用于内耗，所带来的常常是对财富的破坏和毁灭，而不是财富的增加。

在市场经济下，个人的权利是由个人拥有的财产界定和保证的，而不是由官位界定和保证的。在个人产权得到有效保护的情况下，一个人要获得财富，首先要为他人创造价值；个人追求幸福的过程表现为社会财富的创造过程。市场竞争意味着，一个人只有比他人能更有效地使用社会资源，如用同样的资源创造更大的市场价值，或者使用更少的资源创造同样的市场价值，才能持续生存。市场竞争和人们对财富的追求推动了专业化分工和技术进步，从而推动了经济的发展和国民财富的增加。

毋庸讳言，我们的经济仍然处在从计划经济向市场经济的转轨过程中，社会中现存的诸多问题恰恰是转轨所致。而转轨过程中最突出的问题，就是两种权利的并存。建立在职位基础上的权利和建立在财产基础上的权利形成了醒目的冲突。只有彻底完成从基于职位的权利制度向基于财产的权利制度的转变，我们才能够消除腐败现象，才能实现效率与公平的双赢，才能最大限度发挥中国人创造财富的积极性和创造性，才能真正提高财富的使用效率。

第二，配置资源的信号系统实现了本质性的转变。

众所周知，社会资源是有限的。应该把有限的资源用于什么目的？依赖的标准是什么？有限的资源怎么能够创造最大的价值？在计划经济条件下，解决这样的问题并没有一个清晰的信号，主要依赖于计划经济的操纵者心目中想象的资源使用模型。改革开放之后，我们的市场经济生活中引入了一个重要的信号，这就是价格。价格变成我们资源配置的一个主体手段，企业家在市场自由价格的信号引导下，完成他们的企业经营决策，为消费者提供丰富的产品，增加整个社会的财富总量。

回想改革开放初期，我们的轻工产品严重稀缺，不能满足老百姓的消费需求。因为计划经济操纵者固执地认为一个国家强大的基础是重工业，大量资源投向重工业，造成日常消费品的稀缺。感谢价格放开政策，我们终于有了自己的市场，有了自由竞争的价格体系，并进而形成了一个又一个辉煌的自由竞争企业。

第三，决策主体由政府官员转向企业家。

任何一种资源配置都是由人来做的，一个企业、一个政府，本身不会做任何决策，它只是一个组织形态，真正具有决策能力的一定是人。计划经济下的决策者是政府官员。市场经济下的决策者是企业家。这是一个重大的转变，决策者由政府官员主导转向企业家主导，这是中国三十年改革开放的重要变化之一。现在看来，企业家决策是最具有市场理性的决策，因为他的决策动机，是基于市场的利润，是理性计算的投入产出比。但政府官员对市场的决策并非如此，政府官员的决策不计算成本，没有真正的价格信号，政府官员为了证明自己的决策正确，会在经济价值、市场价值之外拉入“政治价值”“社会价值”，而这样的价值考量，并无客观的标准。

我们深知中国企业家的不易。企业家的生活就是每天面对不确定性。企业家还必须不断创新，任何一个技术一旦循规蹈矩就不会再有利润可言，所以企业家只有不断创造新的方式，生产新的产品，才可能持续盈利。

在经济学的意义上，企业家应对不确定性、不断创新这两个问题，于中国企业家和西方企业家，就形式而言并没有明显差别。但如果细分中国企业家面对的不确定性，沿着市场的不确定性、政策的不确定性、制度的不确定性几个向度进行思考，或者我们把创新细分为技术的创新、商业的创新与体制的创新，我们和西方企业家的不同之处便相当醒目了。中国企业家总是忙于应对政策的不确定性，忙于制度创新，而西方企业家主要忙于应对市场的不确定性，忙于技术的、商业的创新。

希望下一个三十年内，中国企业家的主要精力真正花在应对市场的不确定性，研究消费者的偏好，研究市场的变化，研究技术的变化，而不是继续忙于应付政府政策的不确定性。

第四，财政上地方分权竞争代替中央集权。

地区之间的竞争是推动中国改革最重要的力量之一。沿着这样的思路，我们看到，地区之间的竞争把全国的产权变成地区产权，每个地区就有自己独立的利益，从经济学意义上，地区产权拥有了自己的剩余索取。如此，地区之间竞争的态势如火如荼，哪个地区竞争能力卓越，区域经济就得到高速发展，地方官员因此得到更多的拥戴和提升。

这是一个有制度探索意义的经济学过程，由此导致一个结果，中国国有企业和集体企业开始大面积的民营化，它的逻辑是：地方分权导致了地区间竞争，地区间竞争导致了企业制度的民营化。如果没有这样一个民营化的过程，地区经济就很难持续发展下去。

江苏经济和浙江经济的比较是最醒目的案例。一个时期内，江苏经济曾经是集体工业为主的地方经济，浙江是私人经济为主的地方经济，所幸江苏的一些企业20世纪90年代中期陆陆续续全部民营化，市场的自由规律和现代企业有效率的产权制度得到有效推行，如今江苏经济的发展正对浙江经济构成强有力的竞争。

需要强调的一点是，我对中国目前上上下下蔓延的反市场倾向抱以深深的担忧。回顾改革开放三十年，我们取得的成就几乎都来自市场化的改革，我们存在的问题根本上源于市场化改革还不确定，政府拥有的权力还太大，企业家的作用还没有能够真正彻底地发挥出来。我们观察中国国民收入差距的扩大化会发现，恰恰是那些市场化程度越低的地区收入差距越大，而不是市场化程度越高的地区收入差距越大。如果我们因噎废食，否定市场自由竞争的价值，那么，中国企业家面临的制度不确定性问题将会越来越严重，敢做生意的企业家将会越来越少，企业在市场中的地位将会越来越弱势。如此，反市场的倾向就是危险的。只有坚定不移推动市场化改革，将自由竞争推进到所有的经济领域，中国企业的发展才能赢得更大的驱动力，中国经济才会取得更大进展，并最终彻底解决大众关心的贫富差距问题。

08

从职权经济到产权经济

任何社会，无论是什么样的所有制，权利都是个人的，行使权利的主体只能是个人，一个国家、一个企业不能行使权利，只有一个活生生的人，有灵魂、有思想的人，才能行使这个权利。

尽管在公有制下人们也在“竞争”，但属于破坏性的竞争，用“斗争”一词更恰当，就是怎么把别人拉下来然后自己上去。

私有制的竞争是创造财富的竞争，是给别人带来幸福和快乐的竞争，由此产生了很多新的发明创造和技术进步。

我们这个社会最需要担心的是什么？不是政府对经济的干预太少，而是太多。我们制定那么多产业政策，思想根源是认为政府官员比企业家更有远见，更能预测未来，更能把握技术发展的方向，更懂得市场规律。但我们知道这个假设是不成立的。而从中国的实践来看，大部分的产业政策都是失败的，这个失败不是我说的，而是好多原来制定产业政策的官员退休下来之后，他们自己认为我们的很多政策是失败的。包括我们的汽车政策，至少在早期，假如我们允许中国的汽车行业更为自由地发展，中国民族品牌的汽车应该比现在强大得多。

我们有些政策是出于另外的一些体制的障碍而建立起来的。记得在上世纪 80 年代骑自行车的时候，经常有这种情况，快到修车铺的时候你的自行车轮胎就被扎破了，原来这是修车铺的人给自己创造工作，他在马路上撒一些钉子，你过去，自行车肯定会被扎破，然后你一定会让他给你修。我说的意思是，政府的许多工作是政府自己创造的。如果我们让市场更自由地发挥作用，让企业家更有积极性预测未来，特别是有一个更长远的眼光看待未来的发展的话，我们好多的错误其实是可以避免的。但是我们必须承认，在现有的情况下，由于各种体制和制度的约束，中国好多企业家本身看得是比较近的，他不是看一个十年、二十年产业的规划、市场的趋势，而更可能看的是一两年的事情。这给我们的结构调整带来障碍。好多企业家都在揣摩国家的产业政策，但据我了解，很多的产业政策最后可能变成一个利益分配机制，滋生出更多的寻租活动。例如新能源政策，政府鼓励新能源，但是有一些人用新能源项目的名义申请到国家的很多基金，申请到这个基金之后，他就转做其他事情，根本不会去做新能源。这就变成了一个分配财富的机制。这使我想到，我们这个社会要健康地发展，最重要的是怎么使大家有积极性创造财富，而不是分配财富。这是很关键的一点。

各国都有各国的道路，但是人性从古到今基本没有大的变化，无论你在哪个国家，人性基本都是差不多的。一个制度，如何把人性追求幸福、追求快乐的冲动变成为别人创造价值、给别人带来快乐的行为？在我的《市场的逻辑》一书中，我试图回答这个问题。很多人谈到中国模式，说我们并没有实行像东欧的那种私有化，我们还坚持很大比例的公有经济，但是我们的经济发展比东欧更快。我认为这是一个相当大的误解，说明我们对什么叫私有、什么叫公有，并没有深刻的认识。

人们一般认为，国有经济或者公有经济，它的权利是属于大家的，属于集体的，而私有经济权利是属于个人的，这个说法是不对的。任何社会，无论是什么样的所有制，权利都是个人的，行使权利的主体只能是个人，一个国家、一个企业不能行使权利，只有一个活生生的人，有灵魂、有思想的人，才能行使这个权利。

我们讲国有制、公有制和私有制、私人经济，它们的最大区别在哪儿？最大区别是，在公有制下，权利都是依附在职位上的，所以我定义为“职权经济”。比如说你有没有投资的权利，首先依赖于你在不在政府，即使你在政府也不是所有职位都有投资的权利。而且我们知道，职位越高，他控制的资源就越多，职位越低控制的资源越少。在我们的计划经济下，不仅资源的配置依赖于职位，甚至生活资料的配置也依赖于职位。比如说出差坐火车，谁能坐软卧，谁坐硬卧，谁坐硬座，这都是有级别规定的。司局级干部坐软卧，处级干部只能坐硬卧，科级以下干部只能坐硬座。你家里能不能安电话，你能不能有车，你住多大的房子，全是根据职位来定的。甚至你能看到什么样的新闻，看什么样的报纸，也都是根据职位来定的，高级干部可以看大参考，普通人只能买小参考（《参考消息》），获取信息的渠道都不一样，所有的权利都依赖于职位。在这种体制下，任何人要获得权利，甚至生存的权利，第一努力的是什么？进入政府。第二，进入政府之后怎么找到最有权力的部门，再在这个部门一层一层往上爬，爬得越高权力越大。这是我们公有制的一个基本特点。

私有制是怎样的经济？私有制的权利依附于财产。现在财产的通用标准就是钱，你有钱了，你就有了权利。你有钱了，你可以投资，买股票，买债券，办工厂，甚至办银行，你可以用钱买汽车，你爱买多大的汽车买多大的汽车，也可以买大房子，你可以住好医院，可以吃更好的饭，所有这些都是建立在财产基础上的。

在职权经济下，争取职位最好的办法不是给社会创造更多的财富，而是怎么想办法把竞争对手挤下去。所以，尽管在公有制下人们也在“竞争”，但属于破坏性的竞争，用“斗争”一词更恰当，就是怎么把别人拉下来然后自己上去。这样我们都很忙，但是我们的忙不创造财富。

在私有制下，你想要获得钱，你得生产东西，卖东西，你能否卖出去，能卖多少价钱，最终谁说了算？是消费者说了算。消费者用货币投票决定你的命运，企业之间的竞争实际上是给客户创造剩余价值的竞争，哪个企业给消费者留的剩余多，哪个企业就有市场。所以我们看到，私有制的竞争是创造财富的竞争，是给别人带来幸福和快乐的竞争，由此产生了很多新的发明创造和技术进步。企业家为了能够使自己拥有这种权利，他只有去创造，而只有在他对未来的判断比别人更正确的时候，他才能够成功。

中国的企业家聚在一块讨论更多的是什么？是政策。因为他能不能赚钱，很大程度上不依赖于他对市场的判断，而依赖于他对政策的判断。如果政策本身带着好多钱的话，即使他知道这个政策错了，但是只要争取到这个政策的优惠措施他就有了财富。所以这两种体制下人的本质没有变化，变化的是人的行为方式，变化的是这种行为是不是为这个社会、为消费者创造价值。

从这个角度来看，我们可以这样理解，中国过去三十多年的变革实际上就是怎么由职权经济变成产权经济。过去我们是有了政府的职位才能行使权利，现在如果有财富、有钱的话，不需要政府的职位也可以行使权利。这个变化最初从农村开始，原来农民进不了政府系统，他最基本的生活都难以保证。邓小平改革开放之后给了农民自由，农民即使不进入政府系统，也可以搞投机倒把，出现了好多万元户，变得富有了。接下来的变化发生在城市人身上，原来好多城市居民进不了政府系统，进不了国有企业，生活也很困难，现在有钱的人能过上至少跟市委书记差不多的生活，甚至可能超过市委书记，你有车我的车比你还好，你有房我的房比你的还大。有钱的人在很多方面可以享受到和有权人一样的生活，如司马迁在两千多年前讲的："千金之家比一都之君，聚万者与王者同乐。"也就是说，中国最聪明的人不一定要进入政府系统才能够享受财富，不一定要进入政府系统才能够调动资源。通过做企业，通过给消费者带来快乐、带来价值，同样可以给自己的生活带来改变。我们国家发展的动力就发生了整体的变化。全世界的发展都是这样一个道理，什么时候我们能够让聪明人为别人创造财富，为消费者创造价值，什么时候这个地方的经济就可以发展。反过来说，如果我们的体制使得这些人不是在想办法通过为别人创造财富而获得幸福，而是通过怎么掠夺别人的财富获得幸福，这个经济一定就是停滞的。

中国今天仍然有好多的问题，其中一个问题就是腐败。腐败的根源在什么地方？其实很简单，我们既有职权经济，又有产权经济，这样的话有一些人，甚至包括企业家，获得财富了，不一定是通过创造财富，而是想办法通过收买有职权的人，收买控制资源的人手中的权力来获得资源。比如说我通过关系获得一块很便宜的土地，一倒手就赚很多钱，这个致富的过程可能比好多做制造业的人快得多。这仍然是中国一个严重的问题，由此导致越来越多原来搞制造业的人转向房地产或者其他的一些非制造业产业。这对中国未来好还是坏？我觉得不是一件好事。

由此看来，下一步改革究竟应该干什么？其实也很简单，就是像过去一样不断地缩小职权经济的范围，也就是减少政府手中控制的资源。如果我们不解决这个问题，腐败问题不可能解决。最严重的是，很多优秀企业家把他们的精力和时间花在通过政府关系、政府的政策来给自己积累财富上面，而不是通过为消费者、为社会创造价值来积累财富。这样的话，我们这个经济可能就面临着一个非常麻烦的事情。

当然我们看到，金融危机之后，我们都在总结经验。我们过去讲吃一堑长一智，但是经验总结错的时候可能会走向反面。好多人总结为什么发生金融危机，结论是市场失灵了。这样的话我们就要进一步增加政府的权力，而我们这两年实际的政策，我们的投资政策、产业政策等等，都是在向继续增大政府权力的方向发展。我们想象一下这样做的后果是什么？其后果不仅是现有的资源的分配在扭曲，最严重的是企业家的能力分配、企业家的行为方式会发生很大的变化。如果我们的企业家，不是把自己的时间和精力好好用来想怎么讨好老百姓，怎么使消费者感到快乐，而是想着怎么讨好有权的政府官员，怎么使得政府官员感到幸福快乐，那么，这会造成中国最宝贵的资源，也就是企业家资源的巨大浪费。

我们应该认真思考一下，我们取得的成就究竟来自什么地方？未来我们应该走什么样的道路？如果我们以为中国的道路就是由于有政府强势的干预，由于有大型国企，那我说这个经验总结完完全全错了。总结经验本身没有错，但是错误的总结将把我们带向一个非常不乐观的未来。

09

中国在全球化当中获得了什么？

全球化在今天是什么意思？就是利用全人类的智慧，不同地区、不同国家的人相互学习、相互合作。任何一个地方都是你中有我，我有中你，没有一个地方可以孤立进步。

历史证明，什么时候市场的逻辑居于主导地位，人类就会进步；什么时候强盗的逻辑占了上风，就会带来人类的倒退。

在全球化时代，如果我们不能够按照世界通行的游戏规则来行动，我们就不可能全面享受人类合作带来的好处。

我们今天讨论全球化的历史，需要知道在全球化之前很久，人类有一个走向全球的过程。现代人（“智人”）大约是二十万年前在现在的东非出现的，十万年前人类走出东非，先到了西南亚（中东）这个地方，六万年前已经到了澳大利亚，四万年前到了欧洲，也到了中国（到中国的时间也可能在六万八千年前，但这个时间有争议），一万三千年前跨过了白令海峡，到了美洲。这样，大致来讲，到一万多年前的时候，我们人类已经从一个地方走向了地球上所有适合人生存的地方。之后大冰期结束，冰盖的融化使得海平面上升，人类从此被分割在三大不同的世界，即欧亚非世界区、美洲世界区，以及澳大利亚、巴布亚新几内亚世界区。这三个世界之间的人类上万年没有什么来往，尽管在每个区域内还是有交往的，如连接欧亚大陆的丝绸之路。但分割一万多年之后，也就是从五百多年前开始，这三个世界又开始相互联系起来了，开启了一个我们现在叫“全球化”的过程，这个全球化开始的标志就是 1492 年哥伦布到达美洲。所以，过去的五百年都可以被认为是人类在一万多年前失散之后，重新走在一起的过程。这个过程的出现与人类理念的转变有很大的关系，如果哥伦布不相信地球是圆的，他不会往西航行寻找印度结果却发现了美洲（但哥伦布至死时仍然认为他找到的是印度），至少这个过程会推迟很晚。所以我相信这里面一个很重要的启示：理念的转变对人类社会的发展变化是非常重要的。

全球化给人类带来普遍的好处。我们知道，至少过去的一万年里，人类所有进步全是来自合作，而不是基因的变化。并且，合作的范围越大人类进步越快，这就是全球化的意义所在。全球化使得人类的合作可以在全球范围展开，这是人类过去五百年进步速度急剧加快的主要原因。

全球化在今天是什么意思？就是利用全人类的智慧，不同地区、不同国家的人相互学习、相互合作。任何一个地方都是你中有我，我有中你，没有一个地方可以孤立进步。全球化导致人类更深入、更全面的合作，从价值链看，今天很少有一个产品是单独一个国家自己生产的，随便一瓶矿泉水都是全球生产的，因为它的价值链在全球分布。这就是中国过去三十年取得重大成就的主要原因。

人类社会的运作遵循两种逻辑，一种是强盗逻辑，一种是市场逻辑。所谓强盗逻辑就是，你想幸福，就使别人不幸福。而市场逻辑意味着，你自己要幸福，首先要让别人幸福。过去五百年的全球化，就是亚当·斯密讲的市场逻辑在全球范围的不断扩展，直到今天，这个过程仍然在继续。过去二百年，尽管中间有强盗逻辑，但整体上是市场逻辑获得成功，贸易自由不断扩大。历史证明，什么时候市场的逻辑居于主导地位，人类就会进步；什么时候强盗的逻辑占了上风，就会带来人类的倒退。在1914年之前，世界经济的全球化已经达到相当的程度，但是发生了第一次世界大战，市场的逻辑中断了。之后保护主义一直盛行，到二战结束的时候，按照国际贸易衡量的全球化水平一直没有恢复到一战之前。二战之后，人类重新开始了由市场逻辑主导的全球化。这里面，日本和德国是两个典型的例子。这两个国家发动第二次世界大战，就是想要用强盗的逻辑来征服世界，我们知道，最后他们失败了。二战之后，他们用市场的逻辑征服世界，最后成功了，都变成了经济强国。

中国在全球化当中获得了什么？我曾根据经济史学家麦迪森的数据计算出不同地区人口规模和经济规模相关系数的历史变化。1820年之前，相关系数接近于1，意味着各国之间生活水平没有什么大差距。之后不断下降，最后达到1973年的0.148，这就是所谓的世界“大分流”。之后相关系数开始上升，2003年达到0.52，预计2030年达到0.73，这可以称为是大合流、大融合。这个大分流和大融合都是与中国高度相关的。其实所谓的大分流，也就是说人口规模和经济规模相差越来越大，主要是由于中国的落后和停滞。同样，过去三十年人口规模与GDP规模相关性越来越高，也是由于中国的快速发展。一百多年前，当我们与全球化的潮流遭遇时，我们是被动的，包括搞洋务运动，其实也是逼出来的，那时我们没有真正加入世界。但是到了改革开放，我们是主动的，我们主动走向世界，主动利用了市场逻辑，而世界市场和中国的廉价劳动力相结合，就成为了我们的“后发优势”。杨小凯曾经警告说，后发优势可能转向后发劣势，这是一个很重要的观点。但是不管怎么讲，过去三十多年我们就是利用了这个后发优势，我们没创造什么新的技术，没创造什么新的管理方式，但我们的经济成为世界第二，这就是全球化给我们带来的东西。

人们通常认为，历史是不能假设的。但如果不做假设，我们很难理解历史。1792年，英国国王乔治三世以向乾隆皇帝祝寿为名，派马戛尔尼勋爵率团访问中国，目的是与清政府进行外交谈判，扩展英国对中国的贸易和交流。英国当然希望获取一些特权，因为在当时的中国，通商仍然是一种特权，没有政府的允许不行。从今天的标准看，英国提出的这些要求即使不能说尽皆合理，也不能说很过分。至少，英国人想在北京设个办事处，想扩大贸易区，不算过分。设想，如果清政府能以平等的主权国而非

“藩属”对待英国，认真研究一下英国的要求，与其谈判达成一个对等的协议，同意英国在北京设立办事处，开放几个口岸，同时也要求在伦敦设立一个中国办事处，鼓励中国商人去英国做生意，之后的中国历史乃至世界历史可能会有所不同。

我们经常把当时的西方国家称作“列强”，既指他们强大，也指他们是强盗。确实，中国的大门就是被这些“强盗”用“坚船利炮”打开的。但就我理解，这些列强最初来到中国，还是希望按照市场的逻辑从事商贸和交流。试想一下，如果当时中国的当权者能理解市场的逻辑，顺应全球化的大趋势，主动开放门户，改革体制，再有一个合适的外交战略，中国或许就不仅不需要割地赔款，而且可能有希望与列强平起平坐，如日本的经历所显示的那样。但我们拒绝了市场的逻辑，最后被强盗的逻辑征服了。由此，我们有了现在所知道的这二百年的中国历史。

不要以为没能力当强盗的人就不用强盗逻辑来思考问题，情况往往相反。现在一些人在看待国际关系问题的时候，经常持有零和博弈的观点，认为你赢了一定是我输了。据说加入WTO谈判的时候，谈判代表跟中央领导报告说，中美要达成双赢的协议，这时有人说，中美之间怎么可能有双赢？这就是强盗逻辑的思维方式。

我为什么一开始讲那个大历史？因为人类本来就是从一个地方来的，中国人也是“人”，不要认为中国人不是“人”，只是“中国人”。人类都来自一个地方，这个事实很重要。今天人类所有的文化差异，都是过去几千年期间形成的，不是原来就存在的，更不是基于基因。而且我们知道，这种差异可能被过分夸大了。两千年前轴心时代的思想家（我称之为“制度企业家”），无论是东方的还是西方的，他们为人类制定的游戏规则许多是共通的，尽管表述方式可能不一样。即使在今天，中国文化与西方有差异，但我们用科斯的理论解释中国现象仍然是很有说服力的，这也说明东西方之间就人性而言没有什么差别。

我们老在强调中国特色，但我们必须认识到中国的文明也是与外界合作的结果。什么是中国的？如果从起源讲，很少有什么东西是纯粹中国的。我们吃的小麦不是中国培育出来的，是中东来的，我们吃的玉米是美洲来的，除了稻米等少数作物外，几乎没有什么东西是中国人自己培植和驯化的。甚至可以说青铜器也不是中国的，而是从西南亚两河流域过来的。那里使用青铜器的历史比我们早1000年。而且考古发现，沿着丝绸之路，越往西，出土的青铜器年代越早，这意味着在丝绸之路之前，可能还有一个所谓的青铜之路。

我们要特别警惕在全球化当中的民族主义思潮。在全球化时代，如果我们不能够按照世界通行的游戏规则来行动，我们就不可能全面享受人类合作带来的好处。同时我们要认识到，现在有很多“中国特色”的规则（如官商勾结），伴随着中国加入世界也在走向世界，一些中国企业喜欢用这些规则征服世界，一些外国企业也“入乡随俗”，我觉得这是很可悲的事。中国加入世界之后，会使得这个世界的商业文化变得更好还是变得更坏？这是我们需要考虑的。

为了人类的未来，也为了中国人自己的未来，我希望我们能够按照符合人类本性的一般价值，而不是按照逆向的特殊价值观来行动。我相信只有这样，我们才会有个很好的世界。

10

未来经济增长靠企业家精神

亚当·斯密在两百多年前就强调市场规模至关重要，市场规模带来分工，分工带来技术进步，技术进步带来经济增长。但所有这些背后靠什么？靠企业家精神。

过去三十年中国企业家做的是什么？主要是发现不均衡，或者说是“套利”。中国下一步增长的关键是中国企业家能否从套利行为转向真正的创新。

首先我们对未来经济增长做个判断，两个方面：一是趋势性的，二是周期性的。从趋势性角度看，中国经济经过了三十多年高速成长后必然有一个趋势性的下降、下调，下调到多少？大家普遍认可的是7%左右。这是不可避免的。过去三十多年的高增长很大程度上是利用我们的后发优势，这种后发优势现在正在消失。从周期性角度来讲，特别是2009年之后，中国政府推行了非常强的经济刺激政策，2009年全世界增长都是零甚至是负的，中国维持着9.2%的增长，但我们为这个增长付出了代价，这个代价还没有付完，最大的代价还没有到来，这是我们下一步面临的问题。由刺激政策导致的问题在2013年甚至2012年、2011年都已经出现了，但我们仍然在用一种方式试图避免，我觉得这是没有办法避免的。从周期性角度和趋势性角度，未来一两年内中国经济会有巨大的困难。

我喜欢引用哈耶克的一个比喻：一个国家如果用货币政策来维持增长，就像抓着老虎的尾巴。我们可以想象一下，抓着老虎的尾巴只有两种可能性：一种是跟着老虎跑，累死了；另外一种是把老虎尾巴放开，老虎把你吃了。2013年6月份可能想放开老虎的尾巴，差点被吃掉了，大家知道出现“钱荒”，接着赶快又抓起老虎的尾巴。但这没有办法持续。下一步爆发问题可能是在地方债务，地方政府债务估计有20多万亿，很多地方政府欠钱还不起，政府还不起钱就要赖，这会影响到企业。很多企业给政府做项目，最后收不回来钱。这是从趋势和周期两个角度讲的两方面的问题。

更长远的经济会怎么样？我认为中国经济还有很大的潜力，最大的潜力是市场规模，包括工业化、城市化。亚当·斯密在两百多年前就强调市场规模至关重要，市场规模带来分工，分工带来技术进步，技术进步带来经济增长。但所有这些背后靠什么？靠企业家精神，而不是靠政府官员，不是靠货币政策。今天我们消费的新产品、使用的新技术，全是企业家精神所开发出来的。但遗憾的是，很多人仍然将维持经济增长的希望寄托于货币政策、财政政策与政府投资。如果我们不能真正发挥企业家精神的作用，那前面所讲的7%能否达到都是个问题。

企业家做什么事？我总结了两个功能：一是发现不均衡，二是创造不均衡。经济学里讲“均衡”是指所有资源都得到了最有效的利用，没有盈利机会了。但事实上现实不是这样的。企业家做的第一件事是发现不均衡，发现赚钱的机会，利用赚钱的机会，使资源得到有效配置。随着越来越多的人利用这个机会，利润就会逐渐消失，市场趋向平衡。企业家的第二个功能是打破均衡或者创造新的潜在均衡。比如大家使用电脑，电脑市场已经饱和了，靠这个赚不了钱，但苹果公司生产出了 iPad，这个东西就打破了原来的平衡，可以赚钱。打破平衡主要是靠创新。当然，这两个功能经常捆在一块。

以这样的角度来看，过去三十年中国企业家做的是什么？主要是发现不均衡，或者说是“套利”。套利有三种方式：一种是跨市场的套利，比如你发现四川的橘子很便宜，北京很贵，从四川运到北京就赚钱，这类企业家是商人。第二种是跨时套利，预计明年、后年某种东西会变得贵，现在开始生产或买进，到时候赚钱。最典型的套利是在金融市场套利，金融套利行为类似于投机。第三种套利是要素市场和产品市场之间的套利，比如很多人无所事事，但很多产品供不应求，这时候只要把无所事事的人组织起来生产供不应求的产品，就可以赚钱。

过去三十多年大致是这样的，比如投机倒把可以赚钱，乡镇企业可以赚钱。但这个空间现在变得越来越小了，传统产业产能过剩，现在生产什么都卖不出去了，因为市场饱和了，套利空间越来越小。当然过去也有创新，但只是模仿型的创新，也就是把外国的技术拿来在中国市场上发财。但模仿的空间也越来越小，后发优势慢慢在消失，所以中国下一步增长的关键是中国企业家能否从套利行为转向真正的创新。

创新是什么？是有一种想法，这种想法大部分人没看到，你说出来多数人不会同意、不会认同，但你能够把它变成市场可接受的产品或者服务，这时候你对经济的增长做出了贡献，自己也从中赚了钱。今天经济增长依靠的很多产品，三十年前没有人想到。同样，未来三十年，国家经济增长的主要产业和行业现在大家都想不到，这就是企业家要想象的。一百年前那个时代已经有了汽车，但汽车是富贵人家、有钱人使用的产品，没有人想到普通人应该用汽车，但亨利·福特想到普通人应该用汽车，所以创造了自动化装备线，生产了 T 型车。四十年前，比尔·盖茨要制造软件，认为这个软件未来每个人都会用时，很少有人会想到它。十年之后的经济增长点大部分人现在不知道，这就是我们需要企业家的原因。

那么，企业家精神怎么能被开发出来？依赖于体制。目前我国体制上存在着很多障碍，大致有两方面：第一是经济体制方面，第二是政治体制方面。

就经济体制而言，一是国有部门太强大。国有部门的强大与市场经济不相容，尤其像中国这么大的国有部门，要创造一种所谓的公平竞争环境是不可能的。

二是政府管得太多。哪些权利应该是老百姓的，哪些权力是政府的，即所谓私权与公权的划分，现在还不清楚。我们国家的体制在计划经济下把私权公有化，后来改制就是不断地把私权归还给个人，但做得仍然不好，比如政府部门的大量管制侵害了人们自由创造、自由创业的权利。

三是金融市场的不自由。企业家的想法要变成一个产品，要形成市场，需要大量的投资，需要很长的时间，如果金融不自由，创新就得不到很好的资源。好在我们知道过去二十多年有很多外国基金，比如私募股权投资（PE）、风险投资（VC）进入中国，帮了中国很大的忙。但我们仍然能看到中国大量的储蓄被无效使用，其中无效的一部分是给了美国政府，带给我们麻烦。还有大量储蓄资源被国有企业占用，比如信贷资金，国有企业拿到信贷资金的成本比民营企业要低，国有企业利率5%、6%，民营企业10%以上。

四是私有产权得不到有效的保护。这不仅仅是法律上的问题，很多是具体司法当中的问题。现在很多民营企业家一旦被指控犯了什么罪，把他抓起来，他的财产很快就被处理掉，这是违法的。处理他的财产需要在法院判决后，但政府不遵守这样的规则，即使他无罪释放出来，财产却失去了。

政治体制方面，一是司法不独立，权力没有关在笼子里。前面说的产权得不到保证，某种意义上与我们并没有落实司法独立原则有关。目前是有权力的人提着笼子到处关别人，这是一个很严重的问题。二是寻租和腐败。政府权力过大一定导致腐败。我们不要以为赚钱的企业家一定靠创新或者套利，其实有一部分人是靠寻租，包括我们看到的一些高科技公司，有些人靠写好申请、搞好关系，拿到国家的资源，这种情况非常严重。

最后总结一下，我们说，未来中国的经济增长依靠企业家精神，但如何开发和解放企业家精神，依赖于我们经济体制和政治体制的进一步改革。

11

企业家精神依赖于法治环境和文化环境

我所理解的一个国家、一个社会的经济成长过程，企业家在其中处于中心地位，无论是发现市场，创造产业，技术进步，还是把增加的收入变成新的市场，都离不开企业家的作用。

政府的作用在什么地方？就是为企业家发现市场、创造产业、革新技术提供一个良好的制度环境，特别是私有产权的有效保护和自由竞争。

1776年亚当·斯密发表《国富论》，其有关经济增长的核心思想是这样的：社会经济发展和财富增长，靠的是创新和技术进步——我们看人类的历史，就是通过创新和技术进步而不断发展的历史。创新和技术进步靠什么？靠分工。分工越细，技术进步越快。这里说的分工包括产业链条的分工，也包括地域的分工，不同的地区做不同的事。分工取决于什么？取决于市场的规模。市场规模越大，分工越细；分工越细，技术进步越快；技术进步越快，经济增长越快；经济增长越快，收入越高，市场规模越大……就这样循环推动经济增长。

这样一种循环靠什么启动？就是企业家。但亚当·斯密没有讲。在经济成长过程中，从市场规模、创造分工到创新，再把收入变成市场，靠的都是企业家。

首先，我们看市场规模。市场不是客观存在的，是企业家发现和创造的。市场有很多潜在因素，包括人口数量，但在企业家出现之前，这个市场是不存在的。比如，据说上个世纪日本人最重要的发明有两件，一是方便面，一是卡拉OK，这就是日本企业家发现的市场。大部分人都吃过面，但是在快速生活的时代我们需要吃什么样的面，不是消费者想出来的，而是企业家想出来的。日本人把方便面变成一个产业，实际上创造了一个市场。我们看那些伟大的企业家，都是在创造市场。谷歌创造的是一个市场，Facebook 创造的也是一个市场。可以说，企业家最重要的工作就是发现市场和创造市场，把别人没有看到的地方存在的潜在需求变成现实的需求。

第二，发现市场的同时，形成新的分工。与此相关，企业家的重要工作是创造产业。他可能把企业内部分工变成一个独立的企业行为。本来别的企业自己能做的事，我做得更好，这样就形成了独立价值链的一部分。典型例子就是微软。在比尔·盖茨之前没有软件产业，但不是没有软件。IBM 把硬件和软件一起做，直到比尔·盖茨把软件变成独立的产业。在那之后，他成就的不仅仅是微软，还有千千万万的软件企业。微软搭建了一个平台，然后很多新企业进入，使软件业成为一个非常庞大的产业。苹果公司也如此，乔布斯创造的是一个产业，里面有好多供应商。可以说，伟大的企业家一定是创造产业的企业家。

第三，技术创新靠什么？还是企业家。上面说要发现市场、创造产业，没有技术进步和创新是不可能的。我们以方便面为例，如果没有技术创新，还是用传统的擀面杖来擀面，就不可能有方便面产业。只有伴随着生产方便面的机械和技术创新，才会有方便面这个产业的出现。所以说企业家在技术进步过程中的作用同样很重要。

第四，技术进步带来经济成长，每个人变富有之后，企业家又要做什么？他把新的财富变成新的市场。因为人们收入水平提高之后，我们不能再按照原来的消费格局提供生产。那样的话，社会是不可能进步的。所以企业家在经济成长阶段的重要工作，就是把不断增加的财富变成新的市场。我们常说经济转型，实际上就是随着收入的提高，企业家如何创造出新的产品和新的产业来。

这就是我所理解的一个国家、一个社会的经济成长过程。企业家在其中处于中心地位，无论是发现市场、创造产业、技术进步，还是把增加的收入变成新的市场，都离不开企业家的作用。

那么，政府的作用在什么地方？就是为企业家发现市场、创造产业、革新技术提供一个良好的制度环境，特别是私有产权的有效保护和自由竞争。

现在，各个地区之间的竞争态势如火如荼，地方政府在寻找竞争优势时往往会强调自身的地理位置，但我想强调几点。

首先，地理位置的重要性在不同历史时代是不一样的。从历史上看，西方文明发生于两河流域（底格里斯河和幼发拉底河），东方文明也发生于两河流域（黄河和长江），文艺复兴发生在意大利，工业革命最初发生在英国，甚至中国改革开放前三十年的成果主要发生在沿海地区，这些都说明地理位置的重要性。但随着技术进步，特别到 21 世纪，随着飞机、高速铁路、高速公路、信息技术的发展，地理位置变得越来越不重要。说句不中听的话，在我这么多年的经济研究调查中，我去任何地方，凡是大谈地理位置优势的地方，基本都是比较落后的地方。如果我们有好的机制，是不需要谈地理优势的。要说地理优势，企业家比谁都看得更清楚。更何况有很多相反的例子。像浙江经济现在这么发达，有什么地理、资源优势？你怎么能想得到义乌会成为全球闻名的小商品集散地？靠资源是判断不出来的。

现在越来越重要的是企业家精神，而企业家精神要靠法治环境和文化环境——我要特别强调一下，不是靠优惠政策。有些地方对企业家真是优惠，企业家到他们那里，坐飞机都享受免检的待遇。想象一下，这样的地方你敢投资吗？反正我不敢，因为它没规矩。对企业家来说，最重要的是你的法治环境、文化环境是不是使他感到安全；是不是只要他白天不做亏心事，半夜就不怕鬼敲门；还是即便没做亏心事，也经常有鬼来敲门。现在很多地方就是这样，政府经常乱敲门，企业家是不敢去投资的。

这里要注意，安全是以自由为前提的。没有自由的安全没有意义。比如说，如果不考虑自由，坐牢的人最安全，因为他不怕人偷、不怕人抢，但是这样的生活没有意义。我们的企业家（包括每个人）都需要安全，但是要以自由为前提。这里说的自由，是平等的自由，不是只有一部分人能做，其他人不能做。它是人权，不是特权。它意味着只要不损害他人，我们有权利做一切我们认为对社会有贡献（或消费者需要）的事。

还要提一下产业政策。产业政策往往惠及一部分人，而不是所有人，结果导致寻租和腐败。一些企业家也热衷于寻租，只要政府有优惠政策，就在想如何从政府拿到这笔钱，而不是想着给消费者生产更好的产品。所以说产业政策在中国过去几十年没起到什么积极作用。换个角度说，正因为没有起到作用，中国经济才有比较好的表现。如果过去的产业政策都起了作用，那中国人看的还是“金星”这样的电视，不是我们现在看到的产品。

我还要提醒大家，现在企业家面临的一个很大麻烦就是政府换届。企业家经常碰到这种情况，到某个地方投资，好不容易跟原来的市长、书记签订一个合同，正准备大干一场的时候，政府换届了，新的政府班子就不认原来的合同了；或者说不是不认，但是一拖就是几年，什么事都干不成。这是现在中国企业家在各地投资时面临的一个很大的问题。他们之所以没有信心，不愿投资，跟这个状况有关。

我们应该知道，什么叫现代政府？现代政府是一个法人，是非人格化的组织。如果这届政府的承诺到了下届没有约束力，就不是现代政府，而像古代政府，它的权力属于某一个人，这人死了这事就没了。我们要认识到，作为一个现代国家，政府里的官员只是站在这个位子上而已，他的权力来自这个职位，他在这个职位上所做的事都代表这个机构。任何一届政府所做的承诺，对之后的政府都应该有约束力。

总而言之，企业家最重要的任务是开发市场，政府的职责就是为企业家创造一个好的环境。

12

从特权到权利

我们离市场经济还有多远？大概还有三百年，至少有两百年。因为我们的经济仍然是建立在特权的基础上，而不是建立在权利的基础上。

市场的基础是什么呢？我想就三点，第一是自由，第二是产权，第三是企业家精神。

如果公民不能够充分享有言论和行动、创业的自由，如果私有财产权利不能得到有效的法律保护和文化保护，如果企业家精神得不到有效的发挥，我们不可能建立真正的市场经济。

2012年，年轻的浙江女企业家吴英，因向亲友集资从事商业活动，被浙江高院以“集资诈骗罪”判处死刑。这样的事情在西方市场经济中会发生吗？现在肯定不会，但是过去曾经会。比如，17世纪下半叶至18世纪中叶，法国曾处决了上万个商人，他们的罪状是进口和制造棉纺织品，违反了路易十四时代的财政部长Jean-Baptiste Colbert制定的产业和贸易政策。由此看来，我们离市场经济还有多远？大概还有三百年，至少有两百年。因为我们的经济仍然是建立在特权的基础上，而不是建立在权利的基础上，也就是说，我们并没有建立起市场经济真正的基础。

那么市场的基础是什么呢？我想就三点，第一是自由，第二是产权，第三是企业家精神。

自由是人权，不是特权

自由是我们人类追求幸福的基本权利，它是一种基本的人权，就如同生命一样，与生俱来，不经正当程序不可剥夺。我们需要自由，因为没有自由我们就难受，就像不让我们吃饭、喝水，不让我们上厕所一样。对自由唯一的限制是不侵害他人的权利，因为人是平等的。自由，从积极的方面来讲，就是每一个公民都能够利用自己的智慧、知识、技能、劳动，自主地决策，改善自己的生活，实现自己的梦想；从消极的方面讲，就是每个人都不受他人的奴役，有权利保护自己的利益不受侵害。

所以在一个每个人都享有充分自由的社会当中，人与人之间只有通过自愿的合作才能够互助互利。也就是说，每个人只有为他人创造价值，自己才能获得收入，只有给他人带来幸福，自己才能够幸福，这就是我讲的“市场的逻辑”。而且，只有自由，才有公平竞争；只有有了公平竞争，我们才有创新；只有有了创新，我们的社会才能够真的进步，让每个人的生活得到改善。在这个意义上，自由和市场是同一个含义。如果一个人拥护市场而不赞成自由，或者拥护自由而又不赞成市场，我觉得他是矛盾的。如果一个社会没有自由，意味着一部分人可以强制另一部分人，剥夺另一部分人，可以把自己的幸福建立在他人痛苦的基础上，这就是强盗的逻辑。一个社会没有了自由，人与人之间就只有相互伤害的斗争，不会有真正的竞争。计划经济下我们有好多的斗争，我们天天斗，月月斗，但是没有竞争。斗争是毁灭财富的，只有竞争才会创造财富。所以，自由也是社会繁荣的基础。

我必须强调一点，自由是一种基本的权利（rights），不是特权（privileges）。所谓权利，用一句通俗的话讲，就是“理通天下”，每个人都平等地享有，与自己的出身、地位无关；而特权，则是“凡事对人”，一部分人拥有，另一部分人没有，取决于个人的出身和地位。权利是不可任意剥夺的，但是特权可以给你，也可以剥夺。所以我们看古希腊、罗马共和国都有所谓的“自由”，但那是特权，不是权利，因为只有一部分人享受它，而占人口多数的奴隶享受不到。

在一个特权盛行的社会当中，不可能有真正的市场经济。市场经济意味着机会对每个人都是开放的，你进入什么样的产业，生产什么样的产品，成立什么样的组织——包括制造业企业、金融机构，也包括成立非营利组织，如慈善基金会、大学、俱乐部、政治团体，这些其实都应该是每一个公民自由享有的权利，而不应该是少数人的特权。

但是我们知道，在我们国家现阶段这些仍然都是特权，而不是普通人的权利。比如你要创办一个企业，要经过好多的审批程序，每个程序都控制在少数人手里，这些人说行就行，说不行就不行，只有一部分人最后能够成功，另一部分则成功不了，这就是特权。特别是我们的产业政策，设置了种种进入壁垒，有关系的人可以得到批准进入这个行业，没有关系的人进不了，这就阻碍了相当一部分企业家去创业。事实上，每一个产业政策都是增加特权的政策，是设租政策，导致大量的寻租行为和腐败现象。2011 年国务院决定拿出 150 亿支持微小企业发展，但是我们想一下，如果我们的公民有自由成立金融机构的权利，需要政府拿出这 150 亿做这件事吗？我想是不需要的。这 150 亿最后到了谁的手里，也是一种特权，而不是真正的权利。

创办非营利机构，就更是一种特权，而不是权利。比如你要成立一个基金会，不论你有多少钱，你首先要找到主管单位，而主管单位都必须是政府或政府附属机构，是否同意当你的“主管”，完全是他们的特权。如果你找不到主管单位，或者即使找到了主管单位，民政部门也未必批准你的申请，天大的好事也就没有办法干。所以不是你想干好事就可以干好事，想献爱心就献爱心。

我这样讲，不是说任何一种行业都不需要有最低的、必要的一些进入门槛。我的意思是说，自由意味着对进入的限制必须是从社会利益的角度讲最低限度的必要，并且，任何的进入限制都是非人格化的（impersonal），也就是说对所有申请人同等对待，不论你的家庭背景、你的出身、你的社会地位，都应该是一视同仁。但是我们国家所有这些限制并不是一视同仁的，而是人格化的，仍然是基于特权，而不是基于权利。比如说，如果你想成立一个金融机构，如果你认识金融监管部门的负责人，或者能与他们拉上关系，你得到批准的可能性就大大提高，否则，你是没有希望的。所以这是一种特权，而不是权利。这种基于特权的准入制度衍生出形形色色的以关系为资本而不是以知识为资本的所谓“咨询公司”，他们赚的钱是特权制度下的分赃，而不是来自价值创造。

保护产权，必须约束政府征税权和国企特权

市场的第二个基础是产权。产权在某种意义上说是一种人权，它是对我们自由的保障，如果一个社会不能保护私有财产不可侵犯，老百姓就不可能享有真正的自由，甚至连人身自由也没有。

产权也是社会秩序的基础。我们的社会之所以能够有一定的秩序，就是由于我们大家相互尊重产权。设想一下，如果一个超市里面谁都可以进去乱拿东西，这个超市马上就会混乱不堪。在私有产权得不到有效保护的社会，绝大部分人都会生活在焦虑和不安中。

产权也是社会道德的基础。道德的基本要求就是不损害他

人，只有我们尊重个人的权利，每个人必须通过为他人创造价值而获得自己的收入，我们才能真正成为有道德的人。我从未见过一个不尊重私有产权的社会，会有良好的道德水准。对财产权的任意侵害，必然滋生不劳而获的道德文化。当政府官员可以肆意妄为地侵害百姓利益的时候，我们不要指望老百姓会见义勇为。我们国家目前道德衰落的很大一个原因就在于没有能够很好地尊重个人的权利，保护个人的财产。

产权也是社会信任的基础。如果私有产权得不到有效保护，没有人会长远考虑，没有企业有积极性建立良好的市场声誉，我们就会看到大量的坑蒙拐骗行为和假冒伪劣产品，我们在市场上买的大量的东西就没法被信任。

产权也是创新的基础，因为只有企业家，只有每个人对自己靠智慧和勤劳获得的东西充满了信心，他才会愿意投资，才会愿意花几年，甚至几十年的时间去追求一种新的但具有很大不确定性的东西。就此而言，无形资产的产权保护举足轻重，我们国家目前对有形资产的保护还好一点，对无形资产的保护是最糟糕的，并且，对无形资产的保护常常是有选择性的，并非一视同仁。比如说，如果你的名誉权受到侵害，你去报案，警察会问你是不是政协委员或人大代表，或者什么大名人，如果你什么都不是，就很难立案。这实际上是基于特权理念的执法。

我讲的这些当然都不是新的理论，从古希腊的亚里士多德到中世纪的大神学家托马斯·阿奎那和其他神学家都有精辟的论述。我举两个例子。13 到 14 世纪的英国经院哲学家威利姆就讲过这样的话：私有产权是一项先于主权者颁布的法律权利，统治者不可篡夺和任意夺取被统治者的财产。13 世纪罗马的大主教 Giles 认为，政府的主要职责就是保护个人自由和私有财产制度，"世俗权力机构的职责是维护正义，不允许任何人伤害他人的人身和产权安全，让每一个公民和诚实的人都可以享用自己的财物"。

对私有产权保护的一个重要方面，就是对政府征税权力的限制，如果没有对政府征税权力的限制，产权不可能受到真正有效的保护。中国企业家论坛研究院的岑科研究员说过一句话，不受限制的征税就是掠夺，这话非常正确。1215 年英国约翰王被迫签署的《大宪章》，就是约束国王的征税权，也就是说国王从此之后不能任意地征税了，由此开始了英国漫长的宪政制度建设。但时至今日，对政府征税权的约束在我们国家仍然没有引起足够的重视，我们总是把政府税收的增加当作好消息，而不去问一问为什么。

我还要强调一点，国有企业所拥有的特权本身就是对产权的一种严重侵害。一些行业只有国有企业可以进入，非国有企业则不能进入，这是对个人权利的否定。像煤炭、钢铁、石油等行业发生的国有企业强制性地收购非国有企业，是一种强盗逻辑，而非基于产权的市场规则。

任何阻碍企业家精神的法律和政策都是反市场的

市场的第三个基础是企业家精神。企业家是市场经济的灵魂，是经济增长的国王。市场本身就是企业家不断创造和创新的过程。没有企业家可能会有交换，有简单的产品交换，但是不会有真正的市场经济，不会有真正的创新。企业家是嗅觉灵敏、有进取精神、善于创新、能吃苦、敢冒险的人，人群当中，这样的人比重是比较少的，所以他们的精神和能力能不能够有效地发挥出来，决定着我们这个社会创新的速度，决定着社会财富增加的速度。

过去二百年人类所取得的巨大成就，可以说是在企业家能力、企业家精神的推动下取得的。中国过去三十年取得了这样大的成就，也是由于发挥了企业家的作用。在自由竞争的市场经济中，企业家所做的事情都是伺候人的事情，他们的成败取决于他们给我们创造的幸福的多少，取决于我们对他们的服务的满意程度。任何阻碍企业家创新的政策都是反市场的，反消费者的。

计划经济最基本的特征就是阻碍企业家精神发挥作用，结果让我们在短缺经济中生活了三十年。限制企业家活动的最大受害者是谁？是普通老百姓，是广大消费者。我们不允许谷歌进入中国市场，真正受到伤害的是数亿中国网民，他们难以获得更准确、更有价值的信息，而不是谷歌公司本身。如果一个社会自由不足，产权得不到保护，特权盛行，政府控制的资源太多，企业家的活动就可能被导向寻租，而不是为消费者创造价值。

我要特别提醒一下，并不是所有被称为企业家的人都是在为社会创造财富。在一个特权盛行的社会，会出现很多强盗型企业家，他们在掠夺财富，而不是创造财富。我们也要防止中国的企业家，包括民营企业家既得利益化。任何一个制度都会有成功者，某些成功者可能就会有很大的积极性去维护这种制度，而不是推动这种制度的变革。靠特权成功的人通常更有积极性维护他们赖以成功的特权，而不是推动从特权到平等权利的转变。

总结一下，市场经济有三个基础：自由，产权，企业家精神。

如果公民不能够充分享有言论和行动、创业的自由，如果私有财产权利不能得到有效的法律保护和文化保护，如果企业家精神得不到有效的发挥，我们不可能建立真正的市场经济。民主政治也必须以此为前提，必须承认自由和产权的神圣性，否则，所谓的“民主”就可能变成一部分人剥削另一部分人的工具。

计划经济本质上是强盗逻辑，中国过去三十多年的改革，就是逐步从强盗逻辑走向市场逻辑。邓小平二十年前的南方讲话的基本精神是什么呢？就是给中国民众更多创业的自由、赚钱的自由，承认私有财产的合法性，让企业家成为中国经济发展的主角。这就是1992年之后中国经济高速发展的原因。

在迈向市场经济的道路上我们已经取得了很大的进步，但是改革的路还很漫长，因为我们仍然是一个建立在特权而非权利基础上的经济。西方世界过去二百年的进步就是把传统社会中只有少数人享有的特权，变成普通大众的基本权利，但是时至今日，我们仍然是特权大于权利。

回到吴英案。吴英案意味着什么？意味着中国公民没有融资的自由，在中国获得融资仍然是一种特权，而不是一种基本的权利，同样的融资行为，国有企业做就是合法的，民营企业做就是不合法的；意味着在中国，建立在个人自愿基础上的产权交易合同仍然得不到保护。吴英案中，给她借款的人都不承认自己被骗，但我们的法院仍然认定她是“诈骗”。吴英在被捕之后，她的财产在没有得到本人同意的情况下就被强制拍卖了，这本身也是对个人财产权的不尊重。吴英案也意味着我们的企业家精神仍然在受到不同程度的摧残。非法集资罪应该说是一个恶法，它和当年的“投机倒把罪”没有两样。我记得在早年的时候，我们人民银行有一个概念，叫作“体外循环”，凡是不在国有银行系统的资金流动都被叫作体外循环，都要打击。现在我们有进步，不再打击“体外循环”了，但“非法集资”是一个很重的帽子，它可以扣在几乎任何民营企业家头上。市场上会有欺诈，我们用欺诈罪就可以解决这些问题，不需要再有一个“非法集资”的条款。法律本身是规定人们的行为准则和对违反这些准则的惩罚措施，对什么是合法的，什么是非法的，写清楚就可以了。在法律中写上抽象的“非法罪”条款，就是保护特权。

当年邓小平保护了年广久，今天邓小平已经不在了，没有另一个邓小平来保护吴英了，所以我只能呼吁我们的企业家、我们的政府官员、我们的媒体人士，多多关注吴英案，因为关注吴英就是关注中国的前景，就是关注我们每一个人的自由和生命。

13

天理与王法

任何人都不应该以“法律”为托词行不正义之事。当法律不符合天理时，当你不得不在良知和律法之间挣扎的时候，你应该选择站在天理的一边。

法治不等于律法之治。法治首先是“理治”（天理之治）。法律不符合天理，司法不讲良知，就不可能有真正的法治。“无法无天”不是一个好社会，“有法无天”也不是一个好社会！

从吴英案到曾成杰案

前面在讲到如何建立市场时，我从吴英案说起，这里我要从曾成杰案开始。曾成杰因“集资诈骗罪”被秘密处决这件事，在整个中国社会引起了极大的震撼，企业家群体中弥漫着一种“兔死狐悲”的气氛。是啊，我们生活在同一个世界、同一个司法体制之下，一想到今天曾成杰所遭遇的不幸某一天可能落在我们任何一个人身上，有谁能没有一点悲凉之痛呢？

这种兔死狐悲的情感，就是两千多年前孟子所讲的“恻隐之心”，也就是二百多年前亚当·斯密所讲的“同情共感”（sympathy）。孟子说，恻隐之心，人皆有之。亚当·斯密在《道德情操论》一开始就宣称：人无论多么自私，他的天性中显然会有一些原则使他关心他人的命运，这种本性就是怜悯或同情心，就是当我们看到或想到他人的不幸遭遇时所产生的感情。他接着说，这种情感同人性中所有的其他原始感情一样，绝不是品行高尚的人才具备。最大的恶棍，最顽固的不法分子，也不会全然没有任何同情之心。

恻隐之心，同情之心，对我们理解社会的道德和正义具有重要意义。孟子讲，恻隐之心就是仁。亚当·斯密认为，同情心是人类道德的心理源泉。正是别人的喜怒哀乐在我们心中引起的共鸣使人类有了良知；正是对我们心中那个公正的旁观者、那个伟大的法官和仲裁者的情感的尊重使我们有了正义。

曾成杰被执行死刑后整个社会舆论对他的同情，说明我们社会的良知还没有泯灭。

理大还是法大?

曾成杰为什么被判处死刑？因为他“犯法”了，至少法院认为是这样。一个问题是，曾成杰当时响应当地政府的号召集资的时候，他是否知道自己是在做违法的事情？这一点我不好猜测。但无论如何，法院不会因为一个人的无知而免除他的罪行，尽管法官在量刑的时候会对此有所考量。我更关心的问题是，即使他真的触犯了法院判决时所依据的那种法律，并且是明知故犯，对他的惩罚就是正义的吗?

要回答这个问题，我们需要理解法与理的关系。十年前我曾提出这样一个分析框架：衡量一种行为是否该做，有两个标准，一是合理不合理，二是合法不合法。这样，我们做的所有事情可以划分为四种类型：第一类是既合理又合法，第二类是合理但不合法，第三类是合法但不合理，第四类是既不合理也不合法。在一个正常的社会，基本上都是第一类和第四类，也就是合理的就是合法的，不合法的也就是不合理的。此时，人们做选择相对容易，遵守法律也就是遵守正义。但在像我们这样的社会，属于第二类和第三类的事情很多，有时其比例甚至超过第一类和第四类。这就是生活在我们这个社会的人面临的困境，也是我们之所以要改革的原因。

这里讲的“法”当然是指政府制定的法律，中国人传统上称为“王法”“律法”，学术上叫“人定法”（positive law）或立法法（legislative law）。一件事合法不合法是相对清楚的，至少政府官员和法官认为是清楚的。

这里的“理”是什么？就是中国人讲的“天理”“公理”“道理”“天经地义”，学术上叫“自然法”（natural law）。自然法在西方也被称为是上帝的法（the law of God）、理性之法（the law of reason）。它们是良知、正义、德性的基本含义。

所谓天理或自然法，就是人类以理性和情感所发现的为了人类的生存和发展所必需的最一般的戒条或法则。例如杀人偿命，借债还钱，知恩图报，言而有信，每个人都有保全自己生命和追求幸福的权利，等等。

理大还是法大？当然是理大。理（自然法）是人类的集体智慧，是历史中自然演化形成的，是被人们普遍认可的，它与人的本性相符，反映在人的良知中。法（人定法）是政府制定的，组成政府的人与普通人一样，有自私之心，有偏袒亲朋故旧的倾向，有无知和傲慢的特性，有情绪化的时候。如果法律不受天理的约束，不以天理为准则，任何的法律都是"合法的"，就会导致不正义的法律，甚至"合法的暴政"。

理是法的"元规则"，是康德所谓的"绝对命令"。理大于法意味着只有符合天理的法律才具有正当性（legitimacy），才应该得到遵守。人类之所以需要政府制定的法律，是因为天理（自然法）有些模糊，只有原则没有细则，操作起来有难度。也就是说，人定法应该是自然法的具体化和可操作化，而不是对自然法的否定。打个比方，即使我们都知道开车要靠右行，但如果马路上不画中间线，要判决谁违规了就比较困难。但如果政府把中间线画得太靠左或太靠右，以致某个方向行驶的车辆不越线就不可能通行，这样的规则就是不合自然法的，不可能得到遵守。

从古到今，理大于法扎根于每个人的基本意识中。人们所鄙视的，都是不讲理的人，而非不守法的人。所以，我们日常才会说"有理走遍天下，无理寸步难行"，而不说"有法走遍天下，无法寸步难行”。

自然法（天理）的三条基本准则

自古以来，自然法就活在人们心中，但自然法的表述和论证，则是思想家的工作。

英国启蒙思想家大卫·休谟在《人性论》一书中总结了三条基本的自然法则。第一条是稳定财产占有的法则，也就是私有产权的不可侵犯性。这一条来自人类对生存、安定与和平的需要，以及可用于满足这种需要的资源的有限性，它避免了所有人对所有人的战争和相互残杀（害命通常因谋财引起），使人们可以和平相安，因而是最重要的自然法。第二条是根据同意转移所有物的法则，也就是自愿交易、自由签约权。财产的最初所有者通常不是能给其带来最大价值的人，自愿交易可以使财产的价值最大化，使合作双赢成为可能。任何通过暴力手段强制他人交出财产的行为是违反自然法的，除非这种暴力是为了惩罚违反自然法的人。第三条是履行许诺的法则，也就是人要言而有信。人类的大部分合作都以言辞表示开始，以行动（履约）结束。如果人们言而无信，就不可能有合作的行动，人类的进步也就没有可能。

这三条自然法或天理也就是通常讲的正义的基本含义，违反了其中的任何一条，也就违反了正义原则。如哈耶克所指出的，所有发达的法律秩序的主要特征，都极其相同，都可以说只是对这三项基本自然法所做的详尽阐释。

以此来看，曾成杰的融资和商业活动并没有违反自然法。他没有使用暴力和欺诈手段获得别人的财产，融资活动是当事人之间自愿的交易行为；他也没有违反自己当初的许诺，即使在政府政策改变之后，他仍然与出资人重新谈判达成新的还款协议。

相反，相关政府部门和司法机关的行为却实实在在违反了这三条自然法则。在法院判决之前就剥夺了曾成杰的资产，并在未经曾本人同意的情况下就将其转移给政府自己的企业，违反了第一条自然法则；不允许他执行与出资人达成的还款协议，违反了第二条自然法则；一开始鼓励和支持他向民间筹集资金，后来却出尔反尔，宣布他是非法集资，违反了第三条自然法。

自然法（天理）的普世性和永恒性

自然法（天理）是普世的，也是永恒的。看看那些伟大的道德思想家，无论他们来自东方还是来自西方，生活在古代还是当代，他们所倡导的人类应该遵守的“天理”都大同小异，大致不出“仁义礼智信，温良恭俭让”。

霍布斯在《利维坦》一书中曾归纳出十九条自然法则，然后说：由于大多数人都忙于养家糊口，其余的人则因过于疏忽而无法理解以上关于自然法的微妙推演，为了所有的人都无法找到借口，这些法则已被精简为一条简易的总则，甚至最平庸的人也能理解，这就是：己所不欲，勿施于人。

这条总则说明，认识自然法所要做到的只是以下一条：换位思考，将心比心。即俗话讲的，公道不公道，打个颠倒。这也就是亚当·斯密讲的存在于每个人心目中的“想象的、公正的旁观者”所做的情感判断，同样也是罗尔斯正义论的基本推理方法，甚至也可以说是亚里士多德正义论的推理方法。

显然，“己所不欲，勿施于人”这一总则本身就蕴含了人与人之间平等的原则，只有平等的人才会站在别人的角度考虑问题，将心比心，推己及人。这种平等是道德上的平等，人格上的平等，“上帝”（“老天爷”）面前的平等。前面讲的大卫·休谟总结的三条自然法则都可以从这一条总则推导出来：你不愿别人剥夺你的生命和财产，你也就不应该剥夺别人的生命和财产；你不愿别人强迫你交易，你也就不应该强迫别人与你交易，或者，你希望别人尊重你自愿交易的权利，你也就应该尊重别人同样的权利；你不愿与言而无信的人合作，你自己就应该说话算数。

“己所不欲，勿施于人”的“恕道”，现在被称为“黄金法则”（golden rule 或 golden law）。孔子提出这个处理人与人之间关系的基本法则确实非常伟大，但它在两千年前的轴心时代的许多其他伟大的思想家那里也是一个基本法则，有些人提出得可能更早，可以说是轴心时代伟大思想家的共识，几乎没有哪一种文化或宗教不包含这样的规则。比如古希腊哲学家庇塔库斯（Pittacus）就曾说过：“Do not do to your neighbor what you would take ill from him.”（不要对你的邻居做你不喜欢他对你做的事情。）几乎生活在同时代的古希腊哲学家泰勒斯（Thales）也曾说过：“Avoid doing what you would blame others for doing.”（不要做你抱怨别人做的事情。）佛法里类似的话也很多，如要像对待自己一样对待他人，如果你不想被别人伤害，你也不要伤害别人。耶稣也说过许多类似的话，如“Do unto others as you would have them do unto you”（你们愿意人怎样待你们，你们也要怎样待人）。如此等等，举不胜举。这些格言都可以翻译成“己所不欲，勿施于人”。事实上，基督教认为这一“黄金法则”

来自耶稣。如果我们不是拘泥于文字，《墨子》和《道德经》的许多话都有类似的意思。

这个“黄金法则”可以说是普世的、永恒的，也就是我们所说的天理。否定天理的普世性，无论出于私利还是公心，都是愚蠢的行为。儒家文化之所以能主导中国社会两千多年，就是因为它把天理放在王法之上。有些西方学者认为儒家文化就是自然法，这一点虽然在学术界有争议，但至少说明儒家是把天理放在第一位的。儒家的“礼法”体现了自然法的精神，这是儒家与法家最大的区别。秦王朝之所以二世而亡，一个重要原因是秦始皇只讲王法，不讲天理。

良知比法律更重要

回过头来总结一下，曾成杰犯了什么法？或许他真的犯了“人定法”，也就是政府制定的律法（所谓“非法集资”），如法院所判决的那样。但他确实没有犯“自然法”，没有做违背天理、违背良知的事情。

处死曾成杰或许没有违反人定法，甚至在处死他之前不告知他的亲人也可能没有犯人定法（法院这么讲了），但确确实实违反了自然法，违反了天理，违反了人类的良知！

曾成杰的不幸，既有法律的责任，也有法官的责任。法律主要是靠法官来执行的。我们对法官的基本要求不是仁慈，而是正义。英文中，法官的含义就是正义（justice）。我们必须认识到，对法官来说，良知比法律更重要，没有良知的法官比不懂法律的法官更可怕。这是因为，一个法官只要有良知，即使不懂法律条文，他也不会做出违反正义的判决；相反，即使他懂法律，把法律条文背得滚瓜烂熟，如果他没有良知，正义就会荡然无存！约翰·马歇尔被公认为美国历史上最伟大的法官之一，但他在出任首席大法官之前，根本就没有任何法律背景。这也是西方“陪审团”制度的价值之所在。陪审员都是没有受过法律专业训练的普通公民，他们的判决是基于良知而不是法律。

“有法无天”不是法治社会

建立法治社会已成为中国人的普遍共识，但我们必须认识到，法治社会以法律的合理性和正当性为前提，也就是政府制定的法律必须符合天理和良知。任何人都不应该以“法律”为托词行不正义之事。当法律不符合天理时，当你不得不在良知和律法之间挣扎的时候，你应该选择站在天理的一边。当然，许多人做不到这一点，因为人性的私心，也因为人性的懦弱。通常来说，违反人定法的惩罚在眼前，违反天理的惩罚在以后，人们通常会遵守“好汉不吃眼前亏”的格言。但我们应该对那些宁肯违反法律也不愿违反天理的人持有敬畏之心，至少不应该以我们自己的小聪明来鄙视这些人。

当然，最重要的是，政府制定的律法必须符合良知，符合天理。任何违反天理（自然法）的立法不能被称为真正的法律，只能被称为“恶法”，在道德上是不正当的。这样的立法是对人类理性的蔑视，是对人性尊严的践踏，它无助于人类的幸福。

当今中国社会最缺乏的不是法律（王法），而是天理。或者说，最缺乏的是符合天理的法律和司法制度。改革开放前，是既不讲天理，也不讲法律，“秃子打伞，无发（法）无天”。“文化大革命”使人们认识到“无法”可能给每个人带来灾难，所以改革开放以来，政府制定了一系列的法律。但曾成杰案件以及其他诸多案件说明，法治不等于律法之治。法治首先是“理治”（天理之治）。法律不符合天理，司法不讲良知，就不可能有真正的法治。无法无天不是一个好社会，“有法无天”也不是一个好社会。

14

建立市场经济需要落实宪法

如果中国不进行真正的政治体制改革，不落实宪法、建设法治，靠单兵突进的经济改革无法走下去，不可能建立起真正的市场经济。

如果大部分人能积极行使宪法和法律赋予的权利，这个社会就有希望往好的方向发展。

我本人是搞经济学的，是什么东西使我关注宪法、民主？主要是基于我对市场经济的理解。市场经济最重要的基础，第一是自由，第二是私有产权，第三是企业家精神。经过了几十年的改革，我发现经济自由仍然会受到政府部门的任意干涉，私有产权根本没有得到有效保护，企业家精神仍然受到压制和扭曲。我觉得，如果中国不进行真正的政治体制改革，不落实宪法、建设法治，靠单兵突进的经济改革无法走下去，不可能建立起真正的市场经济。这就是我关心的问题。关于宪法和法治，我谈几个观点：

第一，落实宪法为政权的正当性和权威性提供了基础。

理论上讲，任何一个政权，如果有宪法而不去执行，就等于自己否定了自己的正当性和权威性。我们现在是有权力而没有权威，人们对政令的服从和遵守，很大程度上是基于畏惧而不是基于敬重，这是一个大问题，重要原因是宪法没有真正得到落实。几年前我讲过，一部宪法真正落实得不多，有些条款形式上落实了，实质上没有落实，有些形式上都没有落实。八二宪法（包括后来做的修正）基本上是好的，主要是没有落实。这是习近平主席讲“宪法的生命在于实施”的背景。代表人类主流价值的一些东西谁都不能公开否认，变成文字时没有人敢说不能写，这包括言论自由、结社自由、民主选举、司法独立审判等。这是这部宪法的生命力之所在，因为它为我们平稳地进行改革提供了条件。许多国家的变革需要“修宪”甚至“立宪”，但我们要做的只是落实已有的宪法而已，至少相对长一段时间可以这样。现在这个时候，真正落实宪法，实际是要我们回到人类文明的基本价值、共同价值上来做事，而不能再偷梁换柱。否则，不仅宪法没有生命力，政权也没有正当性和权威性。比如我们谈人大选举，人民代表大会制度是宪法规定的基本制度，但如果人大代表不是真正选举出来的，就不能真正获得人们的尊重。过去大家很尊重你，因为人大代表是一个身份和荣誉，党、领导人对你重视，你是名流，这就够了。现在人们的观念发生了一个大变化，人大代表和政协委员的被尊重程度远远不如过去，大家不再把你当一回事了。为什么？因为你不是大家真正选出来的，凭什么说你是人大代表我们就要尊重你？如果人大选举办法不真正落实，未来的人大代表越来越失去它在普通人心目中的正当性。所以第一点，落实宪法，有助于巩固我们的政党、政权的正当性和权威性。

第二，落实宪法为民主提供了基础和保障。广义的民主制度包括宪法与法治，狭义的民主主要是选举领导人的问题。如果没有宪法，不落实宪法，就不可能有真正的民主。从古希腊到现在，所有思想家都担心民主会变成“多数人暴政”，这是人们对民主最大的恐惧。怎么来防止多数人暴政？就是要落实宪法、实行法治，让法律变成最高的统治者，所有的人都在法律下行事。民主只有建立在法治基础上才能防止多数人暴政。这是从理论而言的。现实看，如果未来选举，选下来的人不服气怎么办？不离开办公室怎么办？如果没有宪法、不落实宪法，如果人们没有法治的基本理念，如果法院不能独立审判，就没有办法解决这些问题，就可能出现内乱。我们知道美国大选结果即使有争议，法院判决后当事人都得服从，如当年小布什和戈尔竞选时发生的事情。台湾也是这样，有争议，法院说了算。从西方国家历史来看，很多国家是先有法治后有民主。英国在 1688 年实行了君主立宪，确立了宪政体制，当然也不是说之前完全没宪政，但英国真正的民主化从 1832 年的改革开始，把选举人扩大到成年男性的 14.5%，然后又几次扩大选举人范围，一直到 1928 年所有成年妇女获得平等选举权，有近一百年的历史。

我对中国未来三十年改革的一个设想，首先是真正落实宪法、实现法治，然后才能够走到健康的民主道路上，而且我认为前十五年应该以落实宪法、实现法治作为主要任务，后十五年应该以民主作为一个主要目标。而在落实宪法当中，有很多事情需要具体措施，不能泛泛而谈。比如司法独立问题，宪法第 126、

131 条规定了法院的独立和检察机关的独立。问题是，如果不改变法官的任免体制，如果法官的职位安全得不到保护，实行司法独立不大可能。美国大法官由总统任命，但任命后就是终身的，总统无权开除他，如此就有独立性了，总统任命的法官上去也可以完全偏离总统的意志。如果法官像政府官员一样完全由组织任免，可以随时撤换，司法独立很难落实。未来法官本身的资格任命，我建议的做法是，党组织任命法官，但任命以后是终身的，不能再去开除他、免他，除非他自己犯了罪，或做了违反社会道德的事情。我认为在民主之前先落实宪法、建设法治是最重要的。

第三，落实宪法对所有人都有好处，或者说，是所有人的利益所在。在现在这个体制下，有特权的人面临的风险更大，一般老百姓只要不“犯上作乱”，基本的人身安全也许不是大问题。恰恰是有特权的人，他们的基本安全最没有保障。换句话说就是，有特权没人权。有特权可以享受当下的好处，没人权就是未来的安全得不到保证。西方国家最初为什么会实行宪政？不是老百姓要实行，而是有既得利益、有特权的人要实行宪政。为什么他们要实行宪政？因为没有宪政时他们相互伤害，比如英国贵族，他们的权利不断受到国王侵害，每一次战争都是你死我活的较量，最后他们认识到实施宪政，都按一个规矩去办，对所有贵族都好。对今天的中国而言，即使用特权的手段得到利益，以后也需要法律保护。如果不落实宪法，最可能危害到的是既得利益者。为了避免互相伤害、相互剥夺，落实宪法对他们来讲最迫切。当然，许多人认识不到这一点，人类犯错误的一个重要原因是无知。

第四，私有产权是市场经济的基础，也是公民自由的保障。这方面，研究法律的跟研究经济的人分歧不大，但研究其他领域的人，对产权的非议就比较多。我们必须认识到，如果私有财产得不到有效保护，人们的基本自由和安全就没有保障，民主一定会变成暴政，我们也不可能建立真正的市场经济。重庆过去几年中发生的事、曾成杰死刑案件等等，威胁到的不是少数企业家，而是每个人的生命与自由。保护私有产权，需要落实宪法。私有产权的保护，宪法已有明确规定，但真正要落实还有很长的路要走，包括普通人的观念转变。最有效的办法是从纠正错案做起，比如现在经济犯罪案中审判之前就拍卖资产的问题，重庆事件中的冤假错案问题，需要通过司法程序纠正，一些官员和法官应该承担相应的法律责任，以儆效尤。2006 年在治理整顿时发生的“铁本事件”，也是一个典型案件。21 世纪发生这样的问题，我觉得很可悲。但如果重新审理，纠正了错误，就会对产权制度的建立产生巨大的推动作用。落实产权问题，一定要通过一个一个案例去做，包括对行政诉讼法的利用，如果法律赋予了做事的权利而政府部门不予批准，受害人就应该向法院起诉。我们的社会需要这种“较真”的人，这种情况下起诉政府部门不仅是个人和公司的权利，也是他们的社会责任。也就是说，建立产权制度是每个公民的责任，因为它关乎每个公民的利益。如果大部分人能积极行使宪法和法律赋予的权利，这个社会就有希望往好的方向发展。

15

宪法的生命在于实施

我相信未来十年，只要我们真正落实了宪法，中国就向民主自由和法治社会迈进了一大步，中国的企业就会有更好的生存环境，市场的力量就可以更好地发挥作用，每个人也会生活得更有尊严。

十八大召开之后，两句话给我印象最深：第一句就是习近平总书记在“八二宪法”公布实施三十周年会上讲的“宪法的生命在于实施”；第二句话是李克强总理讲的“改革是最大的红利”。我相信如果这两句话真正变成未来我们改革的指导思想，变成我们的理念，中国的企业就会有更好的成长环境，中国的社会也就会变得更为民主自由，市场的力量就可以更好地发挥作用。

落实宪法，我想有五方面的事情非常重要：

第一，真正做到司法独立。司法独立是法治社会的基础，一个国家如果司法不独立，就不可能有法治社会。司法独立才有法律的权威，公众才有对法律的信仰，民众才能有安全感，法官才可能有职业精神，腐败才会真正受到遏制。司法独立也是政治稳定的基础，我们看一下世界上凡是司法独立的国家，很少发生大的政治动乱，而那些司法不独立的国家，司法从属于政府的国家，时常会出现政治动乱，而且一旦动乱，情况就不可收拾。

司法独立在我们的宪法当中其实有明确的规定。宪法第126条写道，人民法院依照法律规定独立行使审判权，不受行政机关、社会团体和个人的干涉；第131条写道，人民检察院依照法律规定独立行使检察权，不受行政机关、社会团体和个人的干涉。但是，我们知道现实并不总是这样。

要实现真正的司法独立，落实宪法第126条和131条，我想非常重要的一点就是政法委的功能必须做大的调整，政法委应该是维护司法独立的监督性机构，而不应该是干预司法，甚至干预具体判案的机构。

第二，人民代表的民主选举。我们的宪法第2条和第3条明确规定，中华人民共和国的一切权力属于人民，人民行使国家权力的机关就是全国人民代表大会和地方各级人民代表大会；全国人民代表大会和地方各级人民代表大会都由民主选举产生，对人民负责，受人民监督。目前在我们国家的选举很大程度上还是形式上的。真正的选举，候选人之间必须进行竞选，候选人必须向选民陈述自己的理念，并且要允许候选人独立参与竞选。我相信，如果按照宪法第97条，县级以下，包括县镇村以下的人民代表真正能够靠竞争的方式选举产生，县级以上的人大代表由下一级的人民代表大会选举产生，全国人大就可以真正发挥它的最高权力机构的作用。

第三，落实宪法第35条，切实保障宪法赋予我们的逐项自由。这第35条我们落实得也不到位。我们现在有了微博，有了新的技术，突破了很多传统的管制，使得每一个人在某种程度上有机会表达自己的意见，但是我们看到这种表达是没有政治制度保障的。言论自由要求我们真正有表达的自由，每一个人能够捍卫自己的权利，表达自己的心灵。我们知道中国作家莫言获了诺贝尔奖，我想每一个中国人都会感到非常的自豪。但是，根据媒体的报道，他在接受记者采访的时候说了这样一句话，他说审查是必要的，就像坐飞机要安检一样。如果这句话真的是他讲的，我觉得是很有问题的。我们必须认识到，检验真理，只有靠竞争，靠思想市场，而不能靠一部分人先验地认为比其他人更正确。

第四，真正做到私有产权的有效保护。宪法第 13 条明确规定公民的合法财产不受侵犯，但是很多的民众的权利，包括财产的权利得不到保证。这些我们可以通过大量的案例看到。我们要特别防范政府通过立法和司法程序侵犯人们合法的权利。现在中国的情况是，一个人一旦被认为有问题，被逮捕之后，没有经过审判，在你还没有被确认是否有罪之前，法院就可以随意拍卖你的财产，这就是我们在吴英事件中看到的情况，这是对个人财产权的严重侵害。

第五，中国要真正地开始违宪审查。大部分法治国家都会进行违宪审查。我们的宪法本身写得很明确，一切法律、行政法规和地方性法规都不能同宪法相抵触，任何组织和个人都不能有超越宪法和法律的权限。这是宪法的第 5 条。但是，我们事实上没有做到。十多年前中国加入 WTO，我们审查了政府的规章制度、法律是不是跟 WTO 的规定或者我们的承诺相抵触。今天我们同样应该做一件事，就是看看我们的法律，我们政府的所有规章制度，是不是与宪法相抵触。我们没有宪法法院，但是我们可以按照现在的宪法，由全国人民代表大会成立单独的违宪审查委员会，然后对所有的法律进行违宪审查。

我相信未来十年，只要我们真正落实了宪法，中国就向民主自由和法治社会迈进了一大步，中国的企业就会有更好的生存环境，市场的力量就可以更好地发挥作用，每个人也会生活得更有尊严。

16

未来三十年重点是政治体制改革

中国历史有两次真正大的结构性变革，第一次大变革是从封建制到帝国制的改变，第二次大变革是从帝国制到民主社会，过去三十年和未来三十年，或许是中国两百年历史大变革最后的一幕。

改革的基本判断

如果我们把中国改革以六十年的跨度来看，过去三十年，改革的重点是经济体制改革；未来三十年，改革的重点是政治体制改革。经济改革主要表现在，一是价格自由化，二是企业民营化（包括建立新的民营企业和国有企业民营化），三是地方分权，四是开放和国际化。

我在2009年就有一个判断——经济改革，在经济范围能解决的问题，基本上差不多了，剩下的是技术性的问题。有的人可能会有一些误解，说经济改革之路还很长。我同意，但我仍然认为经济改革，包括国有企业今后的改革，剩下的是技术性问题。以国有企业改革为例，在20世纪八九十年代，我们面临的是方向性的问题，而未来改革主要是技术性问题，比如国有股如何减持等，我想不需要开党的大会讨论，一步一步来就可以了。过去这些年里，大家看到一些新的现象，叫“国进民退”，逆转了过去许多年的改革。但我自己比较乐观，如果以60年的跨度来看，在2040年之前，国有企业所占的比重，应该降到10%以内，而现在是35%。10%是什么概念？就是英国前首相撒切尔夫人推动英国国有企业私有化之前，英国国有企业占GDP的比重。现在来看，国有企业占 GDP 比重从 35% 下降到 10% 左右，这将是个非常大的变化。

我们在这一轮全球金融危机中采取的措施，可能再过几年会形成一些国有企业新的不良债务。所以可能需要新一轮的债务重组，就像 20 世纪 90 年代那样，也会带来一些国有企业改革的压力。

同时还有一个非常重要的问题，就是现在的社会体制改革，政府在医疗、社保、教育等领域的支出将非常庞大。未来正常的财政收入是没有办法支持这些成本的，一个可行的办法就是国有股份的转卖、变卖和套现，这样才能够对社会体制改革提供一定的资金支持。因此，我比较乐观，在未来 30 年，国有企业占 GDP 比重将会降到 10% 以内。这些问题，不需要经过党代会等进行正规的讨论，就可以技术性地解决。

未来三十年，重点是政治体制改革

第一，经济市场化走在政治民主化之前，是一个比较合适的改革程序。其实，我们从邓小平发起改革起，尽管不断强调政治体制改革，但是到目前为止，政治体制改革的步骤迈得相对比较小，我想这是对的。为什么经济市场化要走在政治民主化之前？我们首先一定要厘定清楚，什么是市场做的，什么是政府做的。许多人对民主化有误解，好像政治民主就可以解决像教育、社会公平这样的问题。其实，民主是迫不得已的一种办法，能够用市场解决的问题最好不用民主，因为政治民主是政治体制下政府解决问题的一个手段而已。什么是市场方式？什么是民主方式？打一个比方，一群人中午要吃饭，一种办法就是每个人拿着钞票，想去哪个餐馆就去哪个餐馆，想点什么菜就点什么菜，这是市场的方式。民主的方式就是大家先投票，确定一个程序，50% 以上的人想吃什么，大家才能吃什么。因此，民主是个迫不得已的办法，它必然会剥夺一部分人的权利，并且损失效率。

而要继续这个过程，市场化就变得非常重要。市场化也就是自由化。如果一个国家在经济市场化之前，人们就憧憬政治民主化，觉得民主化可以给人们带来理想的效果，原本个人通过市场可以解决的问题，就会堆到政府身上，人们就将希望寄托在民主化上。从历史来看，这是非常不成功的。所有的国家和地区，凡是民主化走在市场化之前的，都经过了非常长的痛苦的过程。我们知道，印度就是典型的民主化走在市场化前面。而我们的台湾和香港是经济市场化走在政治民主化前面，就是比较成功的典范。如果政府占有的资源太多，民主化政治连腐败问题都解决不了，像印度就是腐败程度非常高的国家。许多民主选举的国家都是非常腐败的国家。他们并没有真正经过市场化的过程，直接由政府控制了好多的资源，来搞民主化，效果不好。

第二，民主化一定要建立在公民的基本责任意识基础上。而公民的基本责任意识基础靠什么？中产阶级。其实人类过去两百多年的发展，就是中产阶级不断兴起的过程。现在讲全球化就是中产阶级的全球化。为什么强调这一点？因为大家知道，民主就是讲个人要行使一种权利，而这种权利的后果会影响很多人。不像我买股票若买错了，只影响我一个人。投票，选举某个人当领导人，或者决定某一项法律是否通过，你的任何一项决策都会影响很多人。我们可以设想一种极端的情况，一极是非常富的人，一极是非常穷的人。穷人是“无恒产者无恒心”，在选举投票时，很容易被贿赂，受少数人操纵。富人不受这些约束，他自己有钱有权，甚至可以雇用黑社会来做事。所以说，贫富两极的人都不会对社会负更多的责任。而中产阶级一方面足够富有，所以必须承担一定的社会责任，这些人有房、有车，所以不会喜欢社会动乱；但是另一方面，他们又不够富有，不能随便欺负别人。在所有这些阶层当中，中产阶级是公民意识和公民责任最强的阶层。

如果这个阶层不够大，民主化社会就会变成暴民社会，实际上被少数人操纵。只有这个阶层足够大，民主化才可能成为保证社会公平、公正的过程。

人类的历史，基本上也是这样。英国的民主化当然很早，但是民主化是个渐进的过程。英国起初要求有土地的人才能参与选举，没有占有一定土地的人，是不能投票的，而且最初妇女也是不能投票的。当然现在搞民主化运动，这些东西是不适用的。但我们要思考一些背后的原因——为什么有些人能投票，有些人不能投票？我们现在搞民主化，或者民主选举，也不是每个人都可以投票的。只有 18 岁以上的成年公民，才可以投票。道理是一样的，就是只有这个人的行为方式能够表现出足够的理性，能够对投票的后果有责任意识，拥有承担责任的能力，这样让他投票，才是合适的。否则，让无力承担责任的人投票，结果就肯定出问题。

印度的民主化问题，其实就是这样。印度有大量的赤贫阶层，中产阶级非常少，所以民主化就是少数人操纵大多数人来进行的。我 1990 年在英国参加一个国际会议，参会的有各国记者、政治家、学者，与会者对苏东的改革一片叫好，因为当时苏联刚崩溃，叶利钦上台，东欧已经开始民主化了。与会者都不看好中国改革，而且认为中国的改革已经失败，因为当时“八九风波”刚过。我对会议的主持人提出，在晚上安排时间探讨一下中国的改革。在当晚的讨论会上，我讲了自己的这些看法。当时有个加拿大记者跟我说：“你的话我都记下来，20 年后如果证明你讲的是对的，我要专门围绕你的讲话再写一篇文章。”从 1990 年到 2010 年正好 20 年，事实证明了我的判断，我还要找这位记者探讨这个问题。

我记得当时画了个类似太极图的图形，来表达经济改革与政治改革的相关性。中国不是仅仅经济改革，只是经济改革在前三十年比重比较大，到后三十年逐渐变成一条尾巴；而政治改革前三十年比较小，后三十年逐渐变得比较大。当然，到了最后成功的时候，无论经济改革还是政治改革，都基本完成了。

政治改革的核心挑战是什么？

精英政治、精英治理怎么能与民主化结合起来？中国必须防止民主化变成痞子民主，变成暴力政治，最后变成专制政治而不是民主。为什么中国发展中产阶级非常重要？前面讲了，如果没有一个强大的、负责任的、有公民意识的中产阶级，那么民主政治带来的往往不是精英治理，而是暴民治理。所以中国的政治民主化与经济市场化都不能着急，不可能很快就完成，而是一个渐进的过程。

另外在这一过程中，要建立起法治社会。而法治社会的核心是要树立法律和法院的权威。比如选举，我们选一个省长，或者一个县长，选完了认不认账？这个很重要。如果对选举结果有争议（连美国选总统也有争议），就需要权威机构来裁决。如果法院的权威不能树立起来，你说赢了我不认，我说赢了你不认，这样就会打起来。如果法院有权威，你们可以有争议，但是法院判决，谁赢就是谁赢了，大家必须认同。台湾也出现了这个问题，我们可以看到法院的权威性非常重要。

可是，非常遗憾，我们现在好多做法，都在弱化而不是强化法律和法院的权威性，这是很有问题的。很多民间的群体性事件，本来是人们寻求权利保护，当一个人的权利受到侵害时，他可以诉诸法院裁决，寻求法律的保护。就像拆迁，凭什么拆我的房子？被拆迁者怎么保护自身的权利？当事人之间有争议，其实应该由法院判决。但现在许多做法，却在弱化法律的权威性的同时，强化政府部门的协调和政府的权威，许多个体性事件，不按法律程序处理，就纷纷演变成群体性事件，这是非常危险的。现在许多政府部门并没有意识到这点。

现在很多纠纷，都是找政府上访，或者通过政府协调，或者用钱买通来解决，这样早晚会引发大的事件。如果法院以法律手段来解决民间纠纷，比如拆迁补偿，你可以不服，但是法院按照原则判处后，你就得执行，这样就不会出现大的社会动乱。所以我想强调，这个问题没有被政府充分认识到。政府如果靠政府本身来解决这些社会矛盾冲突，很可能会引起社会的不安，甚至是动乱。唯有借助法院和司法的权威性，才可以把社会问题分解成每一个个案、每一个个体的问题，这时候社会才可以安定。

至于下一步其他好多问题怎么解决，我觉得需要好好去探讨，可惜现在探讨这些问题的气氛不太好。无论经济改革、价格改革、产权改革，我们都曾有大规模的公开的或者私下的探讨，但政治体制这么大的变革，我们却不能公开自由地讨论，也没有组建机构去研究这些问题。

政治体制改革，说来说去还是停留在口号上，这就比较麻烦。我认为，应该探讨像台湾模式、香港模式等。其实我们处理香港问题的思路，对未来解决大陆本身很多政治体制改革问题还是有建设性意义的。通过功能团体选举来逐步过渡，这是保证精英政治和精英治理的一个非常有效的办法。这个不一定对，但是我觉得大家应该讨论。特别是以后无论哪一级政府领导人的选举，用什么样的程序更合适，这应该可以讨论。我们内部应该认真去研究这样的问题，然后看怎么样能在民主化的过程中保持社会安定，呈现精英政治和精英治理的局面。如果不认同这些问题，最后反倒会比较被动。

中国两百年历史大变革的最后一幕

未来三十年，也就是到 2040 年，中国改革应该基本完成。我借鉴历史学家唐德刚的观点，中国历史有两次真正大的结构性变革。第一次大变革是从封建制到帝国制的改变，大概有两三百年时间，从秦孝公开始一直到汉武帝时期。汉武帝之后，整个帝国政治体制就稳定了，之后就是治理的问题了。第二次大变革就是从帝国制到民主社会，包括公民社会的建立，大概需要两百年的时间。如果按两百年计算，即从 1840 年鸦片战争开始到 2040 年，正好两百年。过去三十年和未来三十年，或许是中国两百年历史大变革最后的一幕。我们从 1840 年开始，通过洋务运动、戊戌变法、辛亥革命、新文化运动、社会主义改造、改革开放等等，都是在寻找中国转型的出路。最后，邓小平帮我们找到一条经济崛起的好道路。未来三十年，我们需要找到在政治上有效变革的道路。

这一话题可能有点太遥远。如果大家用历史的眼光来看，则是很近的事，一晃就过去了。美国是1776年发生独立战争，到1865年黑奴解放，再经过一百年，到1965年美国黑人才真正获得选举权，而四十多年后美国选出了个黑人总统。最近全球关注的气候问题，也是20世纪60年代才被提及的问题。因此，历史看起来很长，但是回过头来看又很快。我有一个大胆的预言，到2040年，中国第二次大的历史转型，无论是经济还是政治的，基本上完成。当然，中国历史转型基本完成，并不是没有事干了。那时候还有事干，但是方向性的问题解决了，剩下的是技术性问题，日常运行的问题。

17

语言腐败及其危害

当一个人已经腐化而侮辱了他的思想的纯洁，从而宣扬他自己所不相信的东西，他已经准备犯其他任何的罪行。

——托马斯·潘恩

左的东西之所以能流行，有市场，有人追随，一个重要原因是左派人士善于语言腐败。

如果我们能真正执行宪法第35条，至少可以消除50%的语言腐败，如果我们能消除这50%危害最大的语言腐败，就有希望消除80%的官员腐败。

腐败一词，是当今中国使用频率最高的词汇之一。腐败的种类五花八门，政治腐败，官员腐败，公司腐败，司法腐败，学术腐败，教育腐败，甚至足球腐败，等等，举不胜举。但有一类更为普遍，其危害性也更为严重的腐败，却并没有受到足够的重视。这就是语言腐败。

所谓语言腐败，是指人们出于经济的、政治的、意识形态的目的，随意改变词汇的含义，甚至赋予它们与原来的意思完全不同的含义，忽悠民众，操纵人心。语言腐败的典型形式是冠恶行以美名，或冠善行以恶名。轰轰烈烈的重庆“打黑”就是一个典型的例子。“黑社会”本来指的是有组织的犯罪活动，无论任何社会，打击此类犯罪活动都是正当的，很少人会反对。但我们现在知道，在重庆的所谓“打黑”运动中，“黑社会”可以扣在任何当权者不喜欢的人和企业头上，所以“打黑”变成了“黑打”，变成了侵犯人权和私有财产的政治行为。

事实上，左的东西之所以能流行，有市场，有人追随，一个重要原因是左派人士善于语言腐败。这方面，“四人帮”可以说登峰造极。他们把摧残人性、毁灭文化的行动，说成是“文化大革命”；把政敌说成是“走资本主义道路的当权派”；把整人说成是“整风”；把不经正当法律程序就剥夺人的自由的监禁称为

"劳动教养"；把任何反对他们的人说成是"反革命分子"；把1976年清明节悼念周恩来、发泄对他们不满的民主运动说成是"反革命暴乱"；把含冤而死的人，说成是"自绝于人民"；把闭关锁国说成是"独立自主"；把学习国外的先进技术和文化说成是"崇洋媚外"。如此等等，不胜枚举。在"四人帮"的词典里，所谓"国家利益"，实际上指的是他们自己的私利；所谓"爱国主义"，指的是对他们小团体的愚忠；所谓"人民"，指的是追随他们的一小撮人；所谓"反动势力"，指的是任何对他们不满的人。正因为他们善于语言腐败，他们的倒行逆施才能持续十年之久，而他们的政治语言仍然在影响我们的生活，以致在他们垮台三十多年后，他们的阴魂可以在"唱红打黑"的旗号下复活。

语言腐败这个词并非我的杜撰，它最初是英国作家乔治·奥威尔于1946年的一篇文章中提出来的，现在已成为政治哲学理论中的经典术语。语言腐败的现象自古有之，但应该说，只是在20世纪，才变成社会公害。奥威尔本人的作品《一九八四》为我们提供了许多经典的例子：专门制造假新闻的部门被冠名为"真理部"；监督、逮捕和迫害异己人士的秘密警察部门被冠名为"友爱部"；发动战争的部门被冠名为"和平部"；自由就是奴役；和平就是战争；无知就是力量。这当然是小说里的事情，但与现实相距并不远。

语言腐败在当今中国已到了什么样的地步呢？一个心智健全的人闭上眼睛想一下，诸如真理、事实、谣言、道德、民主、法治、自由、人权、宪法、选举、人民代表、国家利益、爱国主义、改革、宏观调控、现代企业制度、董事会等等，或许这些词汇在一定程度都已经腐败了，甚至腐败这个词本身也已经腐败了。当一个官员说他是人民的“公仆”时，他实际上是说，权力在他手里，你得听他的。“人民代表”的本意是由人民选举产生、受人民委托、替人民说话和办事的人，即使一个人实际上是在为人民说话和为人民办事，如果他没有得到人民的正式委托，也不能称为人民代表，因为那样做是侵权。我们现在的“人民代表”，在形式上也通过了投票程序，但这个投票真的是完全出于投票人自由意志和良知的选择吗？我看，“投票”这个词恐怕也腐败了。再以“改革”为例，它的本意是废除计划经济体制、建立市场经济，改革意味着政府要放松对经济的控制，给百姓更多的从事经济活动的自由。但最近几年，一些政府部门却把加强政府对经济的控制、限制商业自由的反改革政策称为“改革”，甚至是“进一步深化改革的措施”。宏观调控本来指的是总量上的放松或抽紧，而我们现在所谓的“宏观调控”经常指的是对经济活动的微观干预，包括准入限制和价格管制。国有控股公司宣称已经建立了“现代企业制度”，而事实上他们的董事会连选择副总经理的权力都没有，何谈现代企业制度?

语言腐败有什么严重后果？至少有三个：

首先，语言腐败严重破坏了语言的交流功能，导致人类智力的退化。人类创造语言，是为了交流，人类的所有进步都建立在语言的这一功能上。为了交流，语言词汇必须有普遍认可的特定含义。语言腐败意味着同一词汇在不同人的心目中有不同的含义，语言变成了文字游戏，使得人与人之间的交流变得困难。语言腐败使得我们越来越缺乏理性和逻辑思考能力，我们的大脑在萎缩，我们的文章越来越变成口号的堆砌，我们越来越习惯于以权压人或简单顺从，而不是以理服人和平等讨论。同一个文件中，以 X 为主导，以 Y 为主体，以 Z 为基础，但谁也说不清楚它们之间是什么关系。我们的文章越来越长，但包含的信息量越来越少。一个工作报告动辄一两万字，还要有人再写出数十万字的辅导材料，仍然让人不知所云。这是人类智力和物质资源的双重浪费。

第二，语言腐败导致道德堕落。人类道德的底线是诚实，语言腐败本质上是不诚实。就人类本性而言，说假话比干坏事在道德上更具挑战性。法院判决书经常有“罪犯对所犯罪行供认不讳”这样的话，说明即使一个人敢于做坏事，我们还相信他在事实面前不敢说假话。西方法庭上证人出庭作证，如果对方律师能证明证人是经常说谎的人，他的证词就不会被采纳。以此标准，我们的社会很难找到合格的证人。

美国独立战争期间的思想家托马斯·潘恩（Thomas Paine）在《理性时代》一书中讲道：

> 为了人类的幸福，一个人在思想上必须对自己保持忠诚，所谓不忠诚不在于相信或不相信，而在于口称相信自己实在不相信的东西。
>
> 思想上的谎言在社会里所产生的道德上的损害，是无法计算的，如果我可以这样说的话。当一个人已经腐化而侮辱了他的思想的纯洁，从而宣扬他自己所不相信的东西，他已经准备犯其他任何的罪行。他做宣教师是为了自己的利益；并且为了获得做这个职业的资格起见，他必须从撒大谎开始。试问我们能否设想还有什么事情比这一个对于道德的破坏更大呢？

一句话，要让一个说假话脸不红的人干坏事时反倒脸红，实在是太难了，即使不是不可能的。由此来看，我们的官员腐败如此严重，我们的假冒伪劣产品如此之多，我们的社会道德如此堕落，就一点也不奇怪了。成天假话连篇的官员，在接受贿赂和以权谋私方面是不可能有道德约束的。现在的腐败官员被抓起来后，可能会感到后悔，感到运气不好，但在法庭上你很少看到他们有羞耻感。当政府官员中语言和行为双重腐败泛滥时，生产假冒伪劣产品的商人很难觉得自己做了亏心事。而要让在谎言中接受教育和生活的人有社会公德，实在是难上加难。

潜规则已成为当今社会腐败的重要形式，官员干事拿回扣已是公开的秘密。而潜规则在我们社会之所以如此盛行，一个重要原因是语言腐败。语言腐败使得显规则形同废纸。

第三，语言腐败导致社会走向的高度不确定和不可预测性。语言的一个重要功能是传递社会运行状态的信号，在语言严重腐败的情况下，信号就会严重失真，结果是，当一个社会事实上危机四伏的时候，我们还以为天下太平，对大难临头茫然不知。殊不知，任何突发事件都可能导致整个体制的突然坍塌。二十多年前苏东体制的解体和最近发生的中东巨变，就是非常典型的事例。

我们能在多大程度上解决语言腐败问题，关涉中国未来的改革和发展，以及社会稳定。两千多年前孔子讲“名不正，则言不顺；言不顺，则事不成”，反语言腐败就是要正名，恢复语言词汇本来的含义。比如，既然称为“人民代表”，就应该真正由人民选举产生，选举必须公开透明，必须是竞争性的，必须真正反映选民的意志。如果确实做不到这一点，不妨换个新的说法。

纵观历史，横看中外，语言腐败的程度与言论自由的程度有密切关系。我相信，如果我们能真正执行宪法第35条，至少可以消除50%的语言腐败，而这50%是危害最大的，剩下的50%就其危害性而言无足轻重。如果我们能消除这50%危害最大的语言腐败，就有希望消除80%的官员腐败，我们的政府就会廉洁起来，我们的道德风尚就可以大大改善。

18

既得利益者能否成为改革者?

许多成功的改革，甚至革命，都是既得利益者推动甚至领导的。如果既得利益者不能变成改革者，改革是没有希望的。

在一个大的历史变革当中，统治者最好有华盛顿的理念。如果没有华盛顿的理念，至少应该有华盛顿太太的危机感。如果既没有华盛顿的理念，也没有华盛顿太太的危机感，那事情就麻烦了。

既得利益者是否能变成改革者？我对这个问题的回答是正面的。人们普遍认为既得利益者是改革的最大阻力，这一点当然没有错。但是如果我们看一下中外历史，许多成功的改革，甚至革命，都是既得利益者推动甚至领导的。如果既得利益者不能变成改革者，改革是没有希望的。只有当既得利益者有可能变成改革者的时候我们才有希望。

为什么既得利益者可能变成改革者？我总结有三个理由。

第一，理念的力量。我们人的行为并不完全是由所谓的物质利益支配的。人之所以是人，是因为他会思考、有价值观、有理性，他的价值观和思考当然会影响他的行为。所以，启蒙思想家大卫·休谟在两百多年前就讲过，尽管人是由利益支配的，但是利益本身以及人类的所有事务是由观念支配的。纵观历史，许多伟大的变革都是由观念的变革引起的。

古希腊雅典民主政治的主要推动者是梭伦和伯里克利。他们都是大贵族，但把选举权推广到普通公民。为什么？因为理念。美国独立战争后乔治·华盛顿没有当皇帝，当总统也只当两任，然后就回家种地，是出于他的理念，而不是他的利益。邓小平“文革”之后发起一系列改革，包括废除领导职务终身制，也是基于他的理念，而不是利益。戈尔巴乔夫在苏联进行的改革也是理念使然。

我们讲到法国大革命，总说它是资产阶级革命，其实法国大革命最重要的推动力量是旧制度下的贵族。启蒙运动是贵族性质的，知识阶层当中的好多人来自贵族，《百科全书》160位作者中有30位来自老贵族，几乎所有的启蒙运动期间的沙龙都是在贵族的家中举办的，卢梭30%的通信者、伏尔泰50%的通信者，都来自贵族阶层。废除贵族的大革命是贵族自身努力的结果。受到威胁的精英们，在困境中产生了一些新的思想，它就为大革命提供了灵感。大革命领导人米拉波本身就是贵族出身。

再看我们中国近代的革命。中国共产党我们叫“工人阶级政党”，其实中国共产党的缔造者和早期领导人基本都是旧体制下的“既得利益者”或他们的后代，这些既得利益者包括地主、富农、资本家、军阀、政府官员、知识分子等，因为工人家庭不可能有钱送孩子上学、出国。他们闹革命不是因为工人阶级要闹，而是因为他们接受了一种新的理念，这种理念就是马克思列宁主义，而马克思和列宁本人也不是来自工人阶级家庭。马克思的父亲是一位很有钱的律师，岳父是普鲁士的贵族，他的合作者和赞助商恩格斯本人就是一位资本家，有好几个工厂。马克思本人过的也不是无产阶级的生活，他在写《资本论》的时候每年的生活费 400 英镑左右，而当时英国最富有的 1/10 的人年平均收入是 72 英镑，这些生活费用马克思自己的理论说，是来自工人创造的“剩余价值”。早期中国共产党领导人只有一个工人出身，但是我们也知道他后来背叛了。

我们再看一下废除黑奴运动的历史。废奴运动主要是由白人发起的，最早反对黑奴制的是天主教会，因为按照基督教精神，上帝对所有人一视同仁。1775 年，在费城成立了美国第一个反黑奴制协会。1781 年起，本杰明·富兰克林一直担任该协会的名誉主席直到去世。英国是反黑奴的一个重要力量，从 18 世纪开始，英国国教内部的福音派、贵格会都在推动废除奴隶制。1783 年，贵格会向议会请愿废除奴隶制，之后工人阶级也参与进来。1807 年，英国议会废除了大英帝国的贩奴贸易。1833 年，英国政府终止了殖民地的贩奴贸易，并派遣军舰在海上拦截贩奴船只。1838 年，英国政府废止《黑奴学徒制度》。最终英国解放了 70 万奴隶，为废奴花费了 2000 万英镑。

类似的，20 世纪早期中国妇女的放脚运动，并不是妇女努力的结果，而是男人努力的结果。康有为、梁启超这些人当时起了很大作用，因为对他们来说，缠脚是一种国耻，有损于中华民族的国际形象。

这就是理念的力量！

第二，既得利益者之间是有博弈的。我们谈论既得利益者的时候，有一个错误的假定，好像他们是一个整体，团结得像一个人一样，有一个共同的目标，会全体一致地为捍卫自己的利益而努力。其实不是这样。既得利益者内部是分成好多派的，有时候不同派别之间的利益冲突可能远大于他们与被统治阶级之间的利益冲突，他们之间的斗争可能是生与死的问题。既得利益者之间的斗争往往会成为制度变革的重要力量。我举几个例子。

首先看一下西方政教分离的历史。政教分离是西方现代民主制度的一个重要基础。欧洲中世纪早期，政教合一，主教由国王任命，教会并不真正独立。政教分离是后来教会和统治者相互斗争的结果。11 世纪教皇格里高利七世（1073—1085 年在位）就职后，决定在教会内部推行一系列改革，解决教会的腐败问题，但受到教职人员的抵制。为消除改革阻力，格里高利七世宣布收回国王罢免主教的权力。神圣罗马帝国皇帝亨利四世要将他罢黜，格里高利七世的回应是将亨利四世逐出教会。教皇与皇帝的斗争持续到下个世纪，格里高利的继任者再次将亨利四世和其儿子亨利五世逐出教会，皇帝再次罢免教皇，扶植自己的候选人成为对立教皇。最终双方于 1122 年达成“沃尔姆斯宗教协定”：皇帝基本放弃叙任权，教会承认皇帝的世俗统治权。

法国大革命是法国贵族相互斗争的产物。在革命前法国最重要的矛盾是国王和贵族之间的矛盾，国王不断剥夺贵族的特权，引起贵族的不安和不满。而贵族之间也有很多矛盾，比如亲王与宫廷贵族的矛盾，老贵族与新贵族的矛盾，乡村贵族和城市贵族的矛盾，佩剑贵族（军事贵族）与司法贵族（穿袍贵族）的矛盾。即使在大革命之后的 19 世纪上半期，保皇派和共和派都是这个社会的精英和既得利益者，但正是他们之间的斗争推动了法国民主制度的建立。

英国在 19 世纪之前的宪政改革、法治建设，主要是贵族和国王、国王和教会，以及贵族之间斗争的结果。所谓的“光荣革命”就是贵族对国王的胜利。

我要特别举一个例子，是公司制度的发展。19 世纪中期之前，在西方各国创办公司都是一种特权，也就是说，只有得到国王或者议会的特许，才能组建公司，只有少数有权有势者才能得到这样的特权，一般人是没有办法成立公司的。所以公司本身就意味着垄断，如东印度公司垄断对东方的贸易。这时候在精英当中就形成了不平衡，引起其他既得利益者的不满，最后精英斗争的结果，是把成立公司由特许制变成注册制，任何人都有权创办公司。这一变化，英国在 1844 年完成，法国在 1867 年完成，美国在 19 世纪后半期逐步完成（美国公司注册由州法律规定）。

更一般的，根据诺斯等人的研究，西方国家的法治和民主，首先是在贵族内部实施的，也就是说贵族内部先有了法治和民主，然后再逐步推到了整个社会。

为什么贵族要实行法治和民主？因为在专制的体制下，既得利益者虽然有特权，但是他们没有人权，他们相互斗争，其实都是在相互摧残。普通老百姓在专制体制下感觉到不安全，但其实最不安全的人不是普通老百姓，而是特权者自己。他们有时候是人上人，但突然之间就可能变成阶下囚，甚至人头落地。时间长了他们认识到这样的制度对谁都不好，还是应该用权利保证每一个人的利益、每一个人的安全。实行了法治之后，统治者可以下台，但是被换下来的统治者仍然有安全感，仍然有人身自由，仍然可以过很好的生活，至少没有性命危险。而在旧的体制下，既得利益者很少有好下场，即使你能有个平安的着落，着落之后你仍然没有行动的自由。这是既得利益者为什么最终要实行法治、实行民主的重要原因。

第三，改革是避免革命的最好办法。经济学家埃斯莫格鲁和罗宾逊对此做了系统的研究。

以英国为例。英国真正的民主化是从1832年通过的《第一改革法案》开始，这一法案将普选权扩大到中产阶级。在1832年前英国爆发了持续的暴乱和群体性事件，包括我们都知道的卢德运动。历史学家一致认为，1832年改革法案的动机，就是为了避免大的社会动荡甚至革命。据说，经济学家詹姆斯·穆勒等人在说服政府认识到危机方面发挥了重要作用。

但1832年的改革并不能满足普通大众对民主的要求。1838年之后，英国工人阶级发起了改革议会的宪章运动，提出了男性普选权、废除选举权的财产限制、实行议员薪酬制（议员不拿薪酬的情况下低收入者就当不起议员）等要求。宪章运动持续到1848年，虽然没有成功，但对之后的改革产生了重要的影响。

随着改革的压力越来越大，1867年，英国议会终于通过了《第二改革法案》，将选民人数从136万扩大到248万，从而使得工人大众成为城市选区的主体。这一改革法案是多种因素作用的结果，其中最重要的是严重的经济萧条增加了暴乱的威胁，以及1864年"全国改革联盟"（the National Reform Union）的成立和1865年"改革联合会"（the Reform League）的成立，这些都使得政府认识到如果不改革就是死路一条。

1884年英国议会通过《第三改革法案》，将原来只适用于城市选区的投票规则扩大到乡村选区，使得选民人数增加了一倍，从此之后，60%的成年男性有了普选权。导致这一法案出台背后的因素仍然是社会动乱的威胁。

第一次世界大战的时候，英国在1918年通过了《人民代表法案》，这个法案将投票权扩大到年满21岁的男性和年满30岁的女性纳税人。这一法案是在大战期间协商的，在一定程度上反映了政府调动工人参战和生产积极性的需要，也很大程度上受到了俄国十月革命的影响，因为俄国发生十月革命之后，英国政府也担心发生革命，最好的办法就是主动实行民主化改革。1928年，英国妇女获得了与男性同等的选举权。

纵观历史，我们看到英国的民主化过程中尽管有一些其他的因素也在起作用，但是社会的动乱、社会革命的威胁是英国建立民主制度的主要驱动力。也正因为如此，我们看到英国的民主化是一个渐进的过程，每一次的让步只是满足当时“威胁者”“闹事者”的要求，如1832年的时候只要买通中产阶级就可以有和平，所以选举权只扩大到中产阶级；当新的威胁出现之后，再做进一步让步，直到1928年的全民普选。

总结一下，我讲的这三个因素，第一个属于理念，后两个属于利益。

但既得利益者有可能变成改革者只是一种可能性，可能性不等于必然性。既得利益者是否真的能变成改革者，取决于他们中是否有足够聪明智慧的人，这些人是否有足够的勇气和领导力，是否能够做出明智的选择。有些非民主国家的政府习惯于用武力镇压的方式对付老百姓的民主化要求，或者一开始得过且过，敷衍了事，最后实在没有办法，才开始改革，但为时已晚（如一百年前的清政府），等待他们的只能是革命。

乔治 · 华盛顿于 1799 年去世，他留下遗嘱要求在他的妻子玛莎去世之后，把他所有的 277 位奴隶都解放了。但是他妻子玛莎在第二年就把所有的奴隶都解放了。问她为什么，她说："我不想生活在那些成天盼望我死的人当中。"

华盛顿解放黑奴是出于理念，他认识到自由是人的基本权利。华盛顿太太解放黑奴是因为利益，她觉得自己受到威胁，有了危机感。历史证明，在一个大的历史变革当中，统治者最好有华盛顿的理念。如果没有华盛顿的理念，至少应该有华盛顿太太的危机感。如果既没有华盛顿的理念，也没有华盛顿太太的危机感，那事情就麻烦了。

19

社会矛盾激化源自改革停滞

前二十五年的改革积累的改革红利使得过去十年成为经济增长最好的十年；而过去十年改革的停滞乃至倒退，是导致我们社会越来越不和谐的主要原因。

失去的十年

要理解未来，我想我们得理解过去，至少要理解过去三十五年的改革的历程。这个三十五年的过去，我们可以有好多的划分，我的一个最简单的划分就是把过去的十年和之前的二十五年区别开来。

我先从过去的十年（2003—2012）讲。对过去十年我有这样三个判断：第一，从经济增长速度的角度来讲，是过去三十五年里最好的十年；第二，从社会矛盾、社会问题的角度讲，是过去三十五年里比较严重的十年；第三，从体制改革的角度讲，是失去的十年。这就是我对过去十年的基本的评价。

我们先看经济增长。简单说，我们的 GDP 过去十年平均达到 10% 的增长率，并且没有大的起落，人民的生活水平有很大的提高，我们的贸易出口增长平均达到 20%，我们的外汇储备从 2000 亿美元增加到 34000 亿美元，我们的国际地位大大提高，我们的经济规模在世界上的排名，从十年前的世界第五位变成了三年前的第二位。所以中国人现在觉得很了不起，有人预测再有二十年中国就超过美国了。

但是看看我们的社会矛盾，比十年前要激烈得多。我感觉到，现在你要找一个满意的群体好像很难，到处都在抱怨，到处都在发牢骚，没有一个群体总体上是满意的。企业界人士，你去跟他们聊就会发现，充满了焦虑和不安全感，所以好多人开始移民。穷人不满还可以理解，富人也不满，那就不好理解。老百姓不满还可以理解，但你发现政府官员也不满。各种各样的群体事件不断发生，官员、政府和老百姓之间的距离越来越远，政府和知识界的距离也越来越远。我觉得，过去三十五年里，好像从来没有过这样的普遍不满。现在政府遇到一个什么麻烦，好多老百姓当笑话看，似乎这个国家不是我的，这个国家是别人的，与我没关系，我只是一个旁观者。

再看体制改革，为什么说是"失去的十年"？过去十年基本上没有什么重大的、突破性的改革，反而有些方面出现了倒退。比如说，前二十五年私营企业发展迅速，到 90 年代开始国退民进，但是过去十年逆转了这个趋势，变成了国进民退，国有企业越来越强势，民营企业越来越弱势。十年前本来已经开始审批制改革，但现在需要审批的项目反倒比原来增加了许多。还有法治的问题。十年前，我们强调建立法治国家，但过去十年，我们已经不再这么强调了。我不需要举更多的例子，大家可能都有一些切身的体会，过去十年在改革方面确实是没有大的作为。

前二十五年的改革红利

大家自然会问：经济增长依赖于体制改革，既然我说过去十年改革方面没有进步，那怎么能够取得高增长呢？我的答案是，过去十年的经济成长主要来自前二十五年积累起来的改革红利。

我来举三个例子。第一个是民营企业的发展。过去十年，尽管民营企业受到好多的压制，但是我们90%的就业都是由民营企业解决的，如果没有民营企业在前二十五年的发展，从20世纪80年代夹缝里生存，到90年代获得“正宗”地位（就是说，法律上承认了），我们怎么可能有过去十年的高增长？我稍微回顾一下，在上个世纪80年代，个人做生意一开始只能当个体户，私营企业是不合法的，而后到了1988年，私营企业才变得合法，个人才可以在工商局注册成立私营企业。在这之前办的好多私营企业都是打着乡镇企业、集体企业的招牌，就是在法律上那样注册，戴一个“红帽子”，所以后来在90年代，有一个“摘帽子”的运动，就是原来非正式注册的私有企业变成了正式注册的私有企业。这个过程当中也出现了好多的矛盾。当初人家给你戴一个红帽子也不能白戴，所以改制中出现了一些政府部门的敲诈勒索。但是，总体来讲，私有企业的份额不断增长。然后再到了十多年前，出现了互联网企业，互联网这个行业基本上都是民营的，是靠外资和民营资本发展起来的。当然这里很重要的一个原因，就是政府那时候不太懂这个东西。

第二是国有企业改革。国企改革一开始是想在维持国有体制的前提下通过“放权让利”改善国有企业的效率，但到了上世纪90年代以后，国有企业好多都亏损，各地政府被迫出售一些他们控制的国有企业，所谓“不求所有，但求所在”。有些地方把国有企业整体打包出售，或者单个出售了。

国企改革十几年前是很艰巨的任务。当时大量国企在亏损，资不抵债，使得银行也处于技术性破产状态。从1994年起，如何解决国有企业债务是一个大问题，出现了好多的政策建议，好多的论文在讨论这个问题。最后朱镕基总理下了狠心，把坏账问题解决了。我们现在说中国工商银行是全世界市值最大的银行，很牛气，但大家想想，如果没有那个时候解决这些问题，我们怎么可能渡过金融危机这一关？不用等美国金融危机我们自己就已经危机了。1998年一年，就有将近两千万的国有企业职工下岗分流，而这些下岗分流的职工，有相当一部分是被非国有企业吸纳了。如果不是这样做的话，中国的社会矛盾那时候就会非常激烈。当然国有企业职工下岗分流当中也有好多问题，有些遗留的问题现在可能还没有完全解决，但我的意思是说，如果没有朱镕基 90 年代下狠心解决国有企业的问题，如果没有当时国有企业的改制和重组，没有国有企业在一些竞争性领域的战略性撤退，没有“抓大放小”，那么我们过去十年不会有那么好的增长。

第三个是 WTO。我刚才讲到，2001 年的时候，中国的外汇储备也就 2000 亿美元多一点，当年我们加入 WTO 的时候好多人担心，中国这下子完蛋了。其实加入 WTO 之后，国际贸易成了中国经济增长的一个重要驱动力。平均来讲，出口的年增长率是 GDP 的 1.5 到 2 倍。由此，才解决了大量就业问题，也才有了外汇储备的大幅度增加。加入 WTO 使中国很好地利用了国际市场，尽管外国人也在利用我们的市场，但是总体来讲，这是双赢的博弈。人类过去五百年的进步就是来自相互利用，就是市场一体化、全球化导致的。全球化不是今天的问题，几百年前就开始了。1793 年，英国国王乔治三世派他的大臣马戛尔尼来中国，想在北京设个办事处，扩大贸易和交流，但我们不让他设。乾隆皇帝说，你们这个小英国，我大清帝国无所不有，根本用不着与你们做生意，回去吧。但是我们可以设想一下，如果那时候让英国在北京开个办事处，中国也在伦敦开个办事处，那么，我想后来的故事就完全不一样了，也许就不会有什么鸦片战争这种事情发生。因为我们的愚昧、我们的无知、我们的闭关自大，导致了后来的一些问题。我的意思是说，我们讲历史，脑子里不要有太多的感情色彩，动不动就是帝国主义列强欺负我们。如果我们聪明一点，也许就不会受那么多的欺负。其实那个时候，我们的GDP占全世界的1/3，没有哪个国家敢轻易欺负我们。当然，这只是数字，不能说明我们当时就强大。事实上，当时中国已经是个衰弱的老人，西方是个茁壮成长的年轻人。他看起来身子没有你高、体重没有你重，但是他总要超过你的。西方经过了我之前讲的启蒙运动，后来才有了工业革命，而我们没有。

我举这三方面的例子，想说明的就是前二十五年改革积累的这些制度资产，是我们过去十年取得经济高增长的主要因素。

社会矛盾激化源自改革停滞

但是，为什么过去十年社会矛盾会走向激化呢？我的道理也很简单：因为过去十年我们的改革停滞了，有些方面甚至出现了倒退。尽管十年前我们提出建立和谐社会，但是大家发现这个社会变得越来越不和谐了。这就是不改革的后果。

以腐败为例，腐败是现在引起巨大社会矛盾的主要因素之一。1992 年我在英国的时候，曾与一位英国学者讨论中国的腐败问题，他比较悲观，我说我还是比较乐观，他问我为什么乐观？我说，一个国家，只要它的 GDP 的增长速度超过腐败的增长速度，就不会出太大的问题。因为，虽然老百姓对腐败不满，但是收入增长快，大家总体上还是可以忍受的。但是如果反过来的话，那就可能是大问题了。我的判断是，上世纪八九十年代，基本上讲，腐败在增长，但是它的增长速度没有 GDP 增速快。但过去十年，我觉得腐败的增长速度已经超过 GDP 增长速度了。如果政府官员的腐败变得如此严重，你怎么让老百姓觉得满意呢？怎么让企业家觉得满意呢？

那么，腐败为什么越来越严重了呢？其中很重要一点，就是政府官员的权力越来越大了。农民为什么不腐败？不是因为他们道德水准高，而是因为他们没权。我绝不贬低道德的重要性，掌握同样权力的官员有些腐败，有些不腐败，他们之间的道德水平是有差距的。但是，权力这个诱惑，对任何人都是存在的。现在我们的政府官员拥有这么大的权力，靠反腐败的措施能解决腐败问题吗？恐怕不可能。这就回到我前面讲的西方为什么几百年前就建立宪政，后来又建立民主制度，宪政和民主是约束官员滥用权力和以权谋私的制度性手段。言论自由对约束政府也是非常重要的。当然这个方面我们有一些进步，现在有了互联网，有了自媒体，人们表达意见更方便了，但是总体上我们的言论还不够自由。所以说，我们的社会矛盾激化是改革停滞的结果。

十年前，改革是有正当性的，过去十年我自己觉得改革的正当性已经变得可疑了。2011 年我有一篇文章说，好像整个国家的气质发生了变化，指的就是这个东西。这也是我从自己的亲身经历得出的感受。从 1999 年开始，我在光华管理学院搞改革，觉得很有正义感，认为这是我的使命。头几年，尽管改革力度很大，也得罪了不少人，但是仍然走出来了，因为大环境是改革，反改革没有正当性，所以即使反改革的人，也只能在私下发牢骚，不敢公开去跟你叫板。但是 2003 年之后，我觉得学校的改革越来越没有正当性了，反对改革的人可以公开跟你叫板，美名其曰“为了和谐”。这就是整个大气候的变化。

我又想起个故事。上世纪 90 年代的时候，听说广州有些年轻人穿一个背心，上面写着“点背不能怪社会”，就是说，你活得不好只能怪你自己，因为社会给了你机会，你有赚钱的自由，你摆个地摊也行，如果你觉得待在政府或学校里穷，那你可以下海做生意去，不要再抱怨你生活清贫。现在完全变了，每个人都在怪社会。在政府管得越来越多的时候，不怪政府怪谁呢？在人们没有真正的自由的时候，怨恨一定聚集在心里，一有机会就爆发。政府办的慈善机构捐款中出现的问题也与此有关。什么样的社会人们最有慈善之心，最愿意做公益活动？一定是自由的社会、公正的社会。美国就是一个典型的例子。美国是全世界大国里最自由的国家，而美国人的慈善活动是最多的，无论人均捐款数量还是志愿者服务时间，都如此。如果政府管得太多，人们就会认为出什么事都是政府的责任，不是自己的责任。私有财产制度下，每个人都会有责任心。政府管多了就谁都没责任心了，原来有责任心的人现在也慢慢没责任心了。

正是由于过去十年我们改革停滞，有些方面甚至出现倒退，整个国家的气质发生了变化，积累的矛盾越来越多，大家才越来越不满，越来越愤怒。好多人犯罪，包括制造一些恶性爆炸事件，你仔细分析一下，就是因为他们认为社会对他不公。我们必须分析清楚这些社会问题背后的原因。当然，个别人认为不公不一定是真的不公，因为有些人很古怪，你对他再好，他也觉得你对他不好，那没有办法，我们社会总会有这样一些人。但是对大部分人来讲，我们还是有一个公认的正义标准。如果大部分人认为这个社会是公正的、正义的，好比做生意的人赚的钱，是辛苦所得，合法所得，老百姓其实也不会有很多的怨恨。我没有发现大家去怨恨李彦宏、马云、马化腾这些人，因为大多数基本上还是认为他们是靠自己的勤劳和智慧打拼出来的。但是为什么对房地产商，大家有这么多的怨恨？因为确确实实有些人赚钱，就是因为他们有关系能搞到廉价的土地，大家当然就会怨恨。

那些做生意的人，你不要以为赚钱了他们就没有怨恨了。你想想，如果他老是求爷爷告奶奶，要给政府官员低三下四，最后即便自己赚钱了，也是一肚子怨气。我本来不需要这样的，我可以凭我的能耐、凭我的努力赚钱，但现在不是这样了，我心里当然不舒服。赚了钱的人有怨气，没有赚钱的人怨恨就更大。所以大家就可以理解这个社会，为什么穷的人不满，富的人也不满。我们已经失去了基本的公正规则，而如果规则是公正的，我穷也好、富也好，我认为是公平的，我就不会有那么多怨气。就好比我们上大学，凭分数录取虽然有弊端，但基本上还是一个公平的制度。考上的、没考上的，大家都觉得是公平的、公正的。所以，即使我没考上，我也不会去杀老师，不会去杀那个招生的人。

总而言之，我要说的是，前二十五年的改革积累的改革红利使得过去十年成为经济增长最好的十年；而过去十年改革的停滞乃至倒退，是导致我们社会越来越不和谐的主要原因。

20

什么决定中国的未来？

什么决定中国的未来？我认为两个东西最重要：第一个是理念、观念；第二个是领导力。所谓理念、观念，就是我们相信什么、不相信什么，我们认为什么样的体制、什么样的制度有助于我们国家的发展，有助于人民的幸福。所谓领导力，是指什么样的人在领导着我们，他们有什么样的担当，他们是不是有足够的智慧、足够的勇气、足够的责任心。

什么决定中国的未来？我认为两个东西最重要：第一个是理念、观念；第二个是领导力。所谓理念、观念，就是我们相信什么、不相信什么，我们认为什么样的体制、什么样的制度有助于我们国家的发展，有助于人民的幸福。所谓领导力，是指什么样的人在领导着我们，他们有什么样的担当，他们是不是有足够的智慧、足够的勇气、足够的责任心。当然，领导力也包括比较好的政治手段和操作技能，以实施我们想要达到的目标。回顾一下过去三十五年改革的历史，有助于我们理解这一点。

简单地说，改革的前二十五年，理念基本是正确的，而且有强的领导力。大家现在一讲到改革，总是说改革好难啊，现在既得利益者那么强大，你怎么去改啊！但我要说的是，其实改革从一开始就有很多既得利益的阻挠，改革不是今天才有既得利益的阻碍。

任何体制下，都会有既得利益者。你要改变现行的体制，当然会有既得利益者反对。当年农村改革时，谁是既得利益者？原来那些生产队的书记、革委会主任就是既得利益者。当时的一些年轻人，也是既得利益者，因为他们不会下地干农活，只会唱歌、跳舞，但是他们和下地干活的人挣一样的工分，现在包产到户了，这些人都得下地干活，自己养活自己，没有原来那么轻松了。当然还有好多意识形态的障碍。怎么能够搞包产到户，我们不是走社会主义道路吗？现在怎么不走社会主义道路了？这是观念上的一些障碍。但是，农村改革我们还是走出来了。为什么？因为有新的理念和强的领导力。包产到户改革当中的一个很重要的人物是万里。万里在安徽搞农村改革，当时谁在领导着中国的农业？就是国务院副总理陈永贵。陈永贵原来是山西大寨村的党支部书记，大寨被树为农业集体化的典型，他的官当得越来越大，最后升职到国务院主管农业的副总理。包产到户就是对集体化的否定，也是对他的政治地位合法性的否定，他主管农业怎么会同意农村搞包产到户呢？所以，万里面临很多的挑战，受到了很多的指责，说他走资本主义道路、挖社会主义墙角。万里怎么回答？万里说，如果你非要让我在农民吃饱饭与你所谓的社会主义道路之间选择的话，我宁可选择农民吃饱饭，我不要你那所谓的社会主义道路。你走你的阳关道，我走我的独木桥！有一次，农业部开会专门批判包产到户，当时有一个农业部副部长当面指责万里走资本主义道路，说这是阶级斗争的新动向。万里实在气得没办法，拍桌子质问这位副部长，说你看你吃得脑满肠肥，而农民已经饿得皮包骨头，你还不让他们吃饱饭，你居心何在？这就是一种理念。他认为，只有走包产到户的路子、生产责任制的路子，中国农民才有积极性干活，才能吃饱饭。当然我们知道，后来的宪法也修改了，人民公社就解体了。我们原来没粮食吃，但到了1984年中国的粮食就吃不完了。那时候粮价就大跌，原来城里的人吃的粮食都是陈粮，不是新粮，因为国家粮库总是收进新粮卖出陈粮，现在城里人也能买到新粮了。后来自由市场来了，农副产品要啥有啥，对包产到户的争论也就没有了。

我再举一个例子：广东的改革开放。当时广东和福建是前线，叫“一线”，国家对这些地方没有多少投资，大部分投资都放到了内陆地区的所谓“三线”。广东比邻香港，大家都知道，当时好多广东人偷渡去香港，而香港与广东之间是有铁丝网的，好多人在偷渡时就死在那儿了。1978年，习仲勋被平反之后，派给他的第一个工作，就是到广东当第二书记，当时第一书记是韦国清。那时候各省有第一书记、第二书记，还有第三书记，然后才是书记，如果你听说那个年代某某某是某个省的书记，那他大概是五六把手，跟现在不一样。但习仲勋作为第二书记是主持工作的，因为韦国清在全国人大有工作。习仲勋上任后召开会议专门讨论解决偷渡问题，当时会上有一个广东的局级干部站起来就说，原因很简单，农民在这边没白没黑地干活，一年到头仍然吃不饱饭，到了那边，干一年活，就要啥有啥。习仲勋说，你这个同志思想有问题，我撤了你的职。这个同志说，谢谢领导，我早就不想干了。会后习仲勋就下去搞调研，再找其他人谈，最后他自己认识到，那个同志说的话是对的。第二天又专门把这个同志请回来，向他道歉，挽留了他。然后习仲勋就思考怎么使广东的人民也可以通过努力吃饱饭，就采取一系列改革开放的措施。当然，这里有中央的支持。

对广东的改革开放贡献最大的人是谁？任仲夷。1980 年 11 月，任仲夷接替习仲勋担任广东省委书记。我们知道，一开放就要引进外资，香港商人过来了，腐败就出现了。你想，香港人随便带一个电子手表什么的送给政府官员，政府官员就高兴得不得了，马上就给他办事了；不送，就不给你办。当然这是一部分人，不是所有人，当时的好多干部还真的有一种理想，跟现在不一样。

伴随开放出现的另外一个问题就是走私。因为两个地方的价格相差太大，那时候好多人靠走私发财。腐败和走私很快就变成了包括中央和地方的一些人反对开放政策的重要口实，不断有人向上面打报告，说任仲夷在广东走资本主义道路，帝国主义夹着皮包又回来了。任仲夷就不断被召到北京做检讨。有一次中纪委专门开会讨论广东的问题，任仲夷被批判得很厉害。按照规矩，如果开组织生活会，批判你，你就得装孙子，做检查，要“灵魂深处闹革命”，把自己骂得狗血喷头。任仲夷也违心地做了检查，但是他想：我回去以后怎么办？我怎么向广东的干部传达这个会议的精神？如果我实话实说，广东干部就会说中央政策要变了，开放不搞了；但如果我不讲实话的话，好像又违反了我们党的组织原则。所以他很犯难。为了解决这个难题，回广州之前他找了总书记胡耀邦，问耀邦同志，你说我应该怎样传达会议精神？耀邦笑着说，你自己看着办吧，你想怎么传达你就怎么传达。任仲夷心领神会。这就是一种领导力、一种理念。胡耀邦要保护做事的人，给他一定的自由。所以任仲夷回去以后，该怎么干就怎么干，当然了，反腐败要搞，反走私也要搞。你只要搞开放，就肯定会出现一些问题，但是绝对不能由于这个原因，就不改革开放了。

再举一个例子：个体户、私营企业的出现。个体户出现一开始完全是实用主义的，因为我们有两千万的知青回城了，政府没法给他们安排工作，国有企业提供不了就业岗位，最后只好网开一面，允许他们办个体执照，自谋生路。但生意有它自身的规律，个体户一开始是自己干，干好了，你就要雇人，一雇人的话，按照马克思的理论，就变成剥削了，就与我们当时理解的社会主义不相容。这就是一个很大的阻力。为了克服这个阻力，有一位聪明的经济学家根据马克思《资本论》里的分析，计算出一个结果，就是“雇佣八人以下不叫剥削”。有了这个护身符，小规模的雇工就合法了。但是问题是，有些个体户做得很好，消费者喜欢买他的东西，就突破了八人的限制，雇了几十人，甚至上百人。现在公安局问：要不要抓他？

一个典型的例子就是安徽芜湖的年广九，人称“傻子瓜子”。他是炒瓜子的，他的瓜子炒得好，服务也做得好，经营规模不断扩大，雇了几百人。按照马克思主义理论，这当然是剥削了。地方政府官员想抓他，但又不敢贸然行事，最后只好报告到邓小平那里。邓小平说，不要抓，一个年广九就破坏社会主义了？邓小平很聪明，他也不说我们要大力发展什么私营企业，但他用否定的方式回答问题，传递出一个重要信息：国家应该往哪儿走，我们需要的是什么样的体制。这就是一种理念！

当然，我们知道，还是有好多个体户被抓过。包括像温州，当时算是很开放的地方，也经常抓人。1982 年温州有所谓“八大王”，什么纽扣大王、项链大王，政府以打击经济犯罪的名义去抓他们，一个逃跑了，七个都被抓住了，都判了刑，然后到了 1984 年又给他们平反，说他们是进步的力量。

那时候我们国家就是这样，改革的阻力很大，但改革的理念和领导力也很强，所以就形成了所谓的“改革–保守周期”，通常是逢双年改革派得势，改革往前走，逢单年保守派得势，改革受阻。如果没有邓小平、胡耀邦这样一些有理念、有魄力的领导人，改革是不会成功的。

1992年，邓小平88岁高龄的时候去南方视察，发表了著名的“南方讲话”。为什么？他看到1989年之后，改革停滞了，倒退了，这是了不得的事，如果不能扭转改革倒退的局面，他所开创的改革开放事业就前功尽弃。他之前在上海讲了两年没人听，邓小平的声音在北京也传达不出来了，而且《人民日报》还有文章批判他的观点（当然不敢指名道姓，只能指桑骂槐）。最后老人家觉得实在不行了，视察到了武汉，就说“谁不改革谁下台”。这句话很厉害的，很有威慑力。然后他到了深圳、珠海讲话，这个讲话是通过香港的媒体传播出来的，最后再传到中央，然后在中共十四届三中全会确定了“建设社会主义市场经济”的目标。后来90年代，改革取得了巨大成就，邓小平南方讲话是一个标志性的事情。

这个老人家的理念，了不得。我再举一个例子，就是高考制度的恢复。我自己是77级大学生，可以说是这一政策的直接受惠者。邓小平恢复工作以后担任国务院副总理，主动要求分管教育和科技，因为他认为教育、科技是四个现代化的根本。教育怎么搞？“文化大革命”时期大学都停办了，后来毛泽东说，大学还是要办的，我讲的主要是理工科大学。怎么招生呢？那时候“红”比“专”重要，学习好没用，重要的是思想要好，但是谁的思想好？鬼知道。所以上大学就靠推荐，从“工农兵”中选拔，形成所谓“工农兵学员”。当然，推荐这个体制，一开始还不算太离谱，推荐上的人也不是很差。其实好多坏体制一开始都不太离谱，但过两年大家已经找到它的漏洞，就开始利用它牟私利，就开始变坏了。邓小平说，上大学推荐，有些人小学毕业，连初中的东西都没学过，就上大学，这怎么行呢？邓小平决定要恢复高考，用考试的方式选拔大学生，然后让教育部门去办。但当时教育部门的工作人员都不是很想得通，说毛主席决定的事我们怎么能改呢？那时候“两个凡是”还没有被否定。所以他们就尽量拖延，给邓小平汇报说，恢复高考是非常非常复杂的事情，我们需要长期的、认真的准备，今年（1977年）肯定来不及了，建议今年还是按照过去的方式推荐。邓小平怎么讲？邓小平说，你们能干得了你们就干，你们干不了，我知道谁干得了。就这几句话，就把问题解决了。这就是领导力！认准的事儿，就要干，别给我找什么借口。如果你没有这样的领导力，就可能说：“我听明白你的意思了，希望你们好好研究一下，多征求专家的意见，待方案成熟后再实施。”但邓小平不是这样的领导人，你没有办法忽悠他。所以，77级高考是12月举行的，还不是全国统考，而是各省组织考试，有些省早，有些省比较晚。还有，当时纸张缺乏，没纸印试卷，邓小平批示说，把印毛选五卷的工作停下来，印考试卷子。这真是了不起的一件事，你想想，他居然敢把本来印毛选五卷的纸拿去印考试卷子。这就是邓小平，他有理念，伟大的人物一定是有理念的。

加入WTO也是前二十五年的一个重要决策，这是江泽民和朱镕基做的。我前面讲了加入WTO对我们经济增长方面的贡献，其实还有一点没讲，就是WTO也阻止了我们经济体制的进一步倒退。也就是说，如果中国没有在2001年加入WTO，过去十年的体制倒退可能会更大。有了WTO以后，我们就有了一个来自国际的约束力，你不能太不像话。但是加入WTO的时候，分歧很大，反对的声音既有来自观念的，也有来自既得利益者的。比如原来我们很多的国有企业，就是靠着关税和配额的保护，才能生存。靠关税来保护，损害老百姓的利益，但是有利于一部分人（包括分配配额的官员），这也是一种既得利益。当然，有些人反对加入WTO，是观念、理念的问题。不管什么原因，阻力是很大的。所以朱镕基被人骂成是“卖国贼”，主持谈判的龙永图也被骂成是“卖国贼”。但是，江泽民、朱镕基他们当时很坚决，因为他们相信这一点：加入 WTO 对中国利大于弊。也就是说，像江泽民、朱镕基这样的领导人当时有这样一种理念，就是相信加入 WTO、进一步开放会给中国带来好处。所以必要的时候多做点让步也没什么。据说争论激烈的时候，李鹏都说过这样的话：“管他呢，先加入再说。”这很了不起。

总之，理念和领导力对一个国家的改革非常重要。没有邓小平、胡耀邦这些人的理念和领导力，怎么可能要去改革呢？上世纪 80 年代有一个说法是：“允许改革犯错误，不允许不改革。”到 90 年代，江泽民、朱镕基这些领导人也是有理念的，也有比较好的领导力。

但是很遗憾，过去十年我们的理念没有太大进步，有些方面甚至倒退了。改革前二十五前，我们相信市场，当然我们对市场的信念经过了一个逐步深化的过程，一开始也不完全相信，后来等邓小平南方讲话以后，我们真正相信市场了。有时候，市场的力量真的是我们想象不到的，谁能想到包产到户几年之后，中国就出现了粮食过剩？谁又能想到 1992 年邓小平南方讲话之后，中国人的收入就开始翻番地涨？这就是市场的力量。

但是过去十年，我们变得越来越不相信市场了，我们越来越迷信政府了。我们制定了好多强化政府作用的政策，其中一个就是所谓的“产业政策”。政府在产业政策的名义下保留了许多计划经济时的权力。计划经济时代最重要的政府部门是“计委”。本来，改革过程当中计委的权力变得越来越小，但过去十年，这个计委的权力越来越大。当然它的名字变了，原来叫“计委”，2003年改名叫“发改委”，穿了个马甲，但是我们都还认得它。这个发改委现在相当于第二国务院，权力大得不得了，几乎什么经济活动都要经过它的审批，有些审批项目改名为“备案”，但本质上还是审批，甚至比审批还糟糕。但结果又如何呢？是许多行业的产能过剩和投资浪费。2009年政府提出了十大产业振兴计划，四五年过去了，我们知道，凡是政府要振兴的产业都一塌糊涂。最典型的是光伏产业，政府一折腾，问题就出来了。本来有些民营企业家按照市场的规律发展得挺好的，但政府一勾引他，给他各种补贴和扶持，就忍不住了，就开始膨胀，最后是产能过剩，资不抵债。

改革前二十五年，我们越来越相信私营企业、民营企业，国有企业的比重不断降低，最后在一些竞争性行业基本上退出了。

但过去十年，情况发生了逆转，从“国退民进”转向“国进民退”。现在国有企业又什么都做，全面扩展，原来退出的又进入了，并且强行收购民营企业。当年成立国资委是作为改革国有企业的一个机构，但国资委成立以后，变成了做大做强国有企业的一个机构。怎么做大做强？就是搞垄断、重组，欺负民营企业。

改革前二十五年我们讲“发展是硬道理”，就是说，我们中国的矛盾要在发展当中解决，在不断做大蛋糕的过程当中解决。但过去十年，我们不再讲发展是硬道理了，而是更多地着眼于财富的分配。本来，财富的分配公平不公平，最重要的就是你的游戏规则是不是公平、公正，是不是机会均等。如果你的游戏规则不平等，你要有一个公平的分配是不可能的。现在流行一种说法，说市场是初次分配，初次分配一定导致不公平，所以需要政府进行二次分配、三次分配，然后使最终的收入分配变得公平。这种说法是错误的。初次分配为什么不公平？就因为政府权力介入太多，使得有特权的人可以做生意、可以赚更多的钱，没有特权的人就做不了生意、赚不了钱。中国收入分配存在的问题不是市场本身的问题，而是一些政府部门破坏市场导致的问题。最大的不公平是特权导致的不公平。现在国务院说要出台收入分配方案，动机良好，但如果思路建立在“市场本身是有问题的，只能靠政府解决问题”这样一个假设上，这个收入分配方案一定失败。一个国家只有把注意力集中在建立公平的游戏规则上，剩下的才是小问题。如果游戏规则是公平的，市场本身也有许多再分配机制，包括民间的救济、慈善事业等，这些再分配机制通常比政府的再分配机制更有效。如果游戏规则本身是不公平的，靠政府的再分配政策不能解决根本问题。这就像盖大楼一样，如果你这个承重墙本身是不行的，你把泥巴一层一层往上抹，抹得再厚，该塌的还是会塌。这是我们现在考虑收入分配时必须认清的一个问题。不要相信那些理论，说市场导致不公平。市场确实会产生收入差距，但如果这种收入差距是在机会均等（或者大致的机会均等）的情况下形成的，就是可欲的，不能说是不公平。如果没有政府权力的干预，市场上，收入分配在不断洗牌，今天的富人可能变成明天的穷人，今天的穷人也可能变成明天的富人。不像过去的传统社会，不洗牌，贵族永远是贵族，平民永远是平民。市场每天都在洗牌，特别是有了互联网以后，24 小时都在洗牌，因为人们在网上买东西，你做得不好，随时可能完蛋。

过去十年我们还有一个理念的倒退，就是法治理念的倒退。十年前，我们强调建立法治国家，现在是“稳定压倒一切”。为了稳定，就不讲法治，结果是社会越来越不稳定。什么样的社会最稳定？法治的社会最稳定。在法治社会，老百姓有问题，可以用司法的途径解决，无需用政治的手段解决。但在没有法治的社会，本来是法律的问题变成了政治问题。变成政治问题就要看谁的声音大，所以人们就把小问题闹成大事件，就出现了好多暴力事件、群体事件，因为只有这样才能引起领导的关注。你不走到那一步，没人理你。

法治倒退最典型的就是过去几年的“重庆模式”。薄熙来在重庆，以“打黑”的名义乱抓人，公检法联合办公，那已经回到“文化大革命”了。如果我们整体上没有法治理念的倒退，会出现这样的现象吗？不会。薄熙来的做法没有合法性，肯定被阻止了。出现了“李庄案”这样的事情，连律师的权利都得不到保证，老百姓的权利怎么得到保证？我们中国人有个奇怪的观念，好像为罪犯辩护就是坏人。为什么要律师？就是为了保护我们每个人的权利，而不是为了给律师创造工作岗位。因为作为个体，我们是弱者，我们随时可能会受到侵害，我们需要有人帮我们，所以才有了对律师的需求。有一个故事很有讽刺味道，一个省的政法委书记被抓之前知道自己要出事了，就给一个在律师协会工作的朋友打电话，说：“我进去以后，你一定帮我找一个好律师。”朋友嘛，肯定要帮助，但这个朋友私下里跟我讲说：“当时我就很想问他一句，你现在想起律师了，你在位的时候是怎么对待律师的？”薄熙来可能也有这个想法，希望有一个好律师给他辩护，但他在位的时候大概不会想到这个问题。因为法治原则破坏了，也就不可能有真正的稳定了。

过去十年改革的停滞乃至倒退，与两种错误思潮有关。第一种思潮出现在 2004、2005 年，就是所谓的市场化改革失败论。有人说中国社会出现这么多问题，收入差距，看病贵看病难，上不起学，环境污染，地区不平衡，等等，都是新自由主义主导改革的结果，是市场化的结果。怎么办呢？就是要加强政府的干预，加强国有企业的力量。在这种思潮的影响下，从 2004 年下半年开始，国有企业改革基本就停了，其他的一些改革也停了，政府加强了对经济的控制，市场化的改革措施失去了正当性。但到了 2008、2009 年全球金融危机以后，中国好像是“风景这边独好”，我们的自信心马上来了。为什么前面说改革失败了，现在突然变得好了呢？这就出现了所谓的“中国模式”，说我们之所以成功是因为“中国模式”，中国没有接受所谓的“华盛顿共识”，没有走自由市场和私有化的道路。“中国模式”的核心是强有力的政府干预和国有企业对经济的主导。这两种思潮表面上不同，前者说我们改革失败了，后者说我们改革成功了，但本质上是一样的。改革失败论是否定前二十五年的市场化改革，中国模式论是反对今后的市场化改革，就是中国改革到这一步正好，之前的改革不能否定，但之后不能再往前走了。如果说改革失败论为 2004 年后的反市场化政策提供了正当性，中国模式论则为 2009 年后的大规模政府投资和国进民退提供了正当性。

我们可以看到，错误的思潮，错误的理念，如何阻碍了我们的改革进程。如前所说，中国的经济奇迹来自市场化改革，这个理念应该得到重申，否则改革就会误入歧途。

21

未来十年是改革的唯一窗口期

中国未来三十年改革的大目标应该是，建立一个“自由、公正、法治、民主的社会”。这应该是中国共产党作为执政党的历史使命。

短期来看，变革期间，领导人的理念非常重要，但长期看，是普通大众的理念在决定着我们的未来。如果老百姓的理念变了，这个社会一定会变。问题只是以何种方式变而已。如果领导人的理念走在大众的前面，那就是改革；反之，如果领导人的理念落后于大众，那就可能是革命。

未来改革的总目标

未来的改革，我们应该做什么，我觉得首先要有一个大的、长远的目标。“人无远虑必有近忧”，如果我们没有一个长远目标，脑子里只是想着今天干什么、明天干什么，我们就可能误入歧途。我特别烦人们问我这样的问题：你觉得下半年形势会怎么样？我说三年以内的事我不关心，你问三年以后的才可以讨论一下。但可惜我们现在的好多人就是只关心现在，下半年投资会怎么样，消费会怎么样，CPI（消费者价格指数）是多少，等等。我不是说关心短期完全不对，但如果你没有大的理念、长远的愿景的话，应急性的政策很可能出问题。

我想，中国未来三十年改革的大目标应该是，建立一个“自由、公正、法治、民主的社会”。这应该是中国共产党作为执政党的历史使命，有了这个使命，再看我们一步一步怎么做，即使中间出一些问题，也没什么可怕的，没有一个大的历史变革中间不出一些问题。前面讲过，改革前二十五年一样充满惊险。有人说现在改革到什么深水区了，摸不着石头了，所以难办。我觉得，其实不是什么深水区的问题，而是我们有些人根本就不想过河。改革首先是一种理念，有这种理念后，其他的我觉得都好办了。

在我看来，我们好多所谓的“河”都是我们脑子里的河，脑子里没河就不会有河。如果脑子里到处都是河，那我们一步也不敢迈出去。所以我说，我们首先要定一个大的目标。你也不要期待着有了一个大的目标就可以设计出一个完整的方案，然后就可以按部就班地实施。那不叫社会变革，那叫作工程。我们现在有好多自然科学、工程学出身的人管社会，所以创造了好多“工程”，这个工程、那个工程。社会哪是一个工程？社会中的每个人都是有血有肉、有思想的人，你怎么知道他每天在想些什么？你只有给他自由，结果在相互碰撞当中自然会出现的。如果一个体制可以被设计好的话，那要市场干什么？那我们的计划经济早就成功了，哪还有市场存在的余地呢？当然，我不是完全否定整体设计的意义，但是我觉得理念比所谓的设计更重要。邓小平改革就是因为他有个理念，在改革的过程中再根据现实情况调整策略。“摸着石头过河”比设计更伟大，更可行。包产到户不是设计出来的，国有企业改革不是设计出来的，个体户不是设计出来的，私有企业也不是设计出来的。相信人，相信人性，给他自由，他就会创造。

未来改革最重要的是两个方面：一是经济改革，二是政治改革。经济改革方面，一是放开市场，二是国有企业的民营化。我们必须有自由市场的理念，必须废除众多的政府审批和管制，这些审批和管制不仅损害效率，而且导致腐败和社会不公。国有企业的民营化十年前已经上路，如果继续按那个路子走到现在，应该已经完成了。但我们中间停顿了，现在必须重新启动。

国有企业改革

经济改革方面，我重点谈一下国有企业改革。

现在国有企业太强大。我认为，任何国家，如果国有企业占 GDP 的比重降不到 10% 以下，就不能叫市场经济。我不是说完全不要国有企业，但是必须把它限制在极少数行业。10% 是撒切尔夫人改革之前，英国的国有企业在 GDP 中的比重，但即使 10%，英国经济已经没有办法有效运转了，所以撒切尔夫人才开始私有化改革。我们现在是 35% 到 40%，而且最重要的部门都被国有企业垄断，民营企业没有办法进入。

我们必须要突破一些理念。有人说国有企业是共产党执政的基础，这个我想不通。历史上看，是先有中国共产党才有中国共产党领导下的国有企业，不是先有了国有企业才有了共产党，那它怎么就是你的执政基础呢？另外，苏东共产党垮台时，恰恰是国有企业完全控制工业的时候。而中国共产党之所以今天还强大，还领导着国家，就是因为我们过去三十年发展了好多非国有企业。如果我们过去三十年不发展非国有企业，如果我们还是像计划经济下那样，国有企业一统天下，我想中国共产党今天也可能不是这个样子了。所以，说国有企业是共产党的执政基础从历史上是讲不通的。理论上讲，现代国家的统治权，绝不能建立在国家对财产所有权的基础上。财产所有权基础上的统治权，是西方中世纪封建领主的统治权，那时候，我之所以有司法权，是因为土地是我的领地，在我土地上的人民，就是我的臣民，都得接受我的统治。现代国家不能变成一个像中世纪的领主一样的政权，依靠资产所有权获得统治权没有正当性。现在的统治权一定是超越所有权的统治。

关于国有企业的作用，还有好多的误解，比如说这个行业离不开它、那个行业离不开它，好像一旦没有了国有企业，整个国家就完蛋了，老百姓就没法活了。你觉得离不开它是因为你从来不想离开它。原来的计划经济下，每一个针头线脑都是国有企业生产的，现在国有企业不生产这些东西了，我们就买不到了吗？不仅买得到，而且质量更好，数量更多！我们现在宣传的好多所谓国有企业的“贡献”，比如国有企业贡献了多少税、多少产值，解决了多少就业，都存在严重的误导，因为这些宣传只看事情的一面，不看另一面，只看产出，不看投入。以 2011 年为例，国有工业企业占全部工业企业资产的 42%，但创造的产值只有 27%。乾隆皇帝有 17 个儿子、10 个女儿，共 27 个孩子，我们现在每个家庭只生一个孩子，你能说乾隆皇帝的生产率是我们的 27 倍？不能！他生产率高是因为他占有的资源多，因为他享有别人没有的特权。他占有过多的资源，本身就损害了别人的生产率，这就是经济学上讲的“挤出效应”。后宫有 3000 个女人，外面就有 3000 个男人找不着对象，他又把这 3000 个男人变成太监，结果是整个社会的生产率降低了。国有企业的垄断地位和资源优势，不仅大大约束了民营企业的成长，降低了社会的生产力，而且导致社会道德的破坏。调查一下国有企业内部的用人情况，一定是各种裙带关系，没关系的人很难进得去。如此，你怎么让老百姓讲道德？国有企业对社会公平、社会道德的破坏，我们远远没有认识到。我们只是把它看作一个生产单位，但它不是一个简单的生产单位。

国有企业改革其实也不难，只要你下决心，比上世纪八九十年代要简单多了。现在大部分大型国有企业都上市了，政府要做的无非就是如何转让股份的问题、出售资产的问题。政府持有的国有企业的股份可以分给老百姓，也可以卖给私人企业，而且不需要一步到位，可以分步去做。比如，政府现在持有国有银行的70%、80% 的股权，你先降到 50%，还是你控制，其他什么都可以不变。然后过一段时间再减到 30%，再过一段时间减到 10%，直到最后彻底退出。在这个逐步减持的过程中，公司治理逐步完善，最后变成真正的民营企业。

政治体制改革

政治改革，就是建立法治和民主。我们必须承认适用于所有人类的基本价值，也就是西方讲的自然法，对应于中国人讲的“天理”“天经地义”，是出于人的本性、人的生存、人的幸福所需要的一些基本的价值观念。天经地义的东西我们怎么能不承认呢？不承认这个价值意味着什么？意味着我们可以做伤天害理的事。任何制度不能伤天害理，不能违反天理，不能违反自然法。我们生活中的法律都是人定的，但是有一个比人定的法律更高的法律，就是自然法。如果没有那个更高的法律的话，任何统治者都可以随便定法律，就无法治可言。

政治改革的第一步是落实宪法和建设法治。八二宪法基本是好的，但没有真正地落实。宪法所规定的各项自由、司法独立，以及人大选举等等，都有待切实落实。

政治改革的第二步是民主。民主化应在法治化之后，没有法治的民主可能会变成暴民政治。民主化也是一个循序渐进的过程，香港的功能团体选举和台湾的民主化经验值得我们借鉴。

从西方历史上看，宪政和民主是两个阶段，君主制也可以是宪政的，也就是国王受到法律的约束。不受法律约束的君主制是独裁制，是暴政。其实在启蒙运动的时候，好多人，包括孟德斯鸠，都认为最好的制度是君主立宪制，而不是民主政体。

我想这就是未来三十年中国应该做的事情，也是我们可以做成的事情。我知道有些人比较悲观，认为不大可能，但我还是比较乐观。三十年后，主导社会的是90后、00后的人，他们可能不会愿意生活在现在这样的体制下。有些东西是不可逆的。比如说互联网，它已经变成了年轻人的生活方式，像吃饭穿衣一样，你没有办法关掉它。任何政府都不应该试图跟新技术对抗，如果你硬要跟它对抗，只能引起更多的怨恨。你今天把这个关了，明天把那个关了，人们不可能没有不满。比如说谷歌，它已经不仅是信息交流的工具，也是一种必不可少的科研手段了。你做研究时，查资料、找数据、找索引，都可以在谷歌上做。我们现在不能享受人类进步给我们创造的这样一种新的文明，时间长了，科研人员能没有怨恨吗？他们会有怨恨的。

历史的变化，有时候似乎很长，有时候又似乎很短。前面提到，美国从独立到黑人获得选举权，用了近两百年，但从黑人获得选举权到第一个黑人当总统，也就花了 43 年的时间。

未来十年，是我们改革唯一的窗口期。我们新一代领导人，有一些特殊的背景、特殊的人生经历，这也许使得他们保持了足够强的领导力，有助于我们的变革。我说过，过了这个村就没这个店。我们面临的问题不是说我今年不做明年还可以做，明年不做后年还有机会做。这十年不做，下个十年就可能完全不一样了。拖得越久，难度越大。十年前你能挑起 100 斤往前走就行了，现在你得挑起 150 斤，如果你说我只能挑 120 斤，那是不行的。再拖十年，那就不是 150 斤了，而是 250 斤的担子。

短期来看，变革期间，领导人的理念非常重要，但长期看，是普通大众的理念在决定着我们的未来。如果老百姓的理念变了，这个社会一定会变。问题只是以何种方式变而已。如果领导人的理念走在大众的前面，那就是改革；反之，如果领导人的理念落后于大众，那就可能是革命。

22

中国需要制度企业家

我们今天面临着与一百多年前同样的问题，我们需要一个新的启蒙时代，这个时代应该到来，而且一定会到来。

启蒙需要理论型制度企业家，需要用新的观点、新的理论、新的价值去说服社会，使我们这个社会能够有所改变。

中国也需要实践型制度企业家，也就是领导变革的政治家。要成为好的政治家，必须有两个基本素质：第一个是正确的理念，第二个是强的领导力，也就是远见卓识、愿景、使命感、责任心、激情、政治技能。

制度企业家的创新与风险

我们通常讲的企业家是商业企业家或商界企业家，他们做的是技术创新、商业模式创新，还包括一些组织管理方面的创新。这里我要讲另一类企业家，即制度企业家（institutional entrepreneur）。所谓制度企业家，就是改变游戏规则的人，他们做的是制度创新。

制度企业家可以分为两大类。第一类是理论型的制度企业家，他们给我们提供思想，改变我们的观念，塑造我们的文化。比如古代的亚里士多德、孔子、释迦牟尼，还有耶稣，近代的亚当·斯密等等，这些人都可以叫作理论型的制度企业家。第二类可以叫实践型的制度企业家，他们是作为政治家在改变社会，比如古希腊的梭伦、伯里克利，古代中国的商鞅，还有像华盛顿这样的人，创造了美国这样一个体制。邓小平、里根、撒切尔夫人，也都是杰出的实践型的制度企业家。实践型的制度企业家也叫政治企业家（political entrepreneur）。

企业家的本质是什么？用熊彼特的话讲就是创新，创造性破坏。在商界每一个重大的技术突破都是对原来技术的毁灭。比如现在的MP3、MP4、iPod完全替代了原来的录放机、随身听。

制度企业家的功能也是创新，他的创新意味着用新的价值观念替代原来的价值观念，用新的行为方式替代旧的行为方式，用新的是非观和新的善恶观替代旧的是非观和旧的善恶观，用新的游戏规则替代旧的游戏规则。由此，我们认同原来我们不认同的东西，或者是我们不再认同我们原来认同的东西。比如从宋代开始中国妇女缠脚，认为脚缠得越小越美，找婆家越容易，那时候对脚的看法比对脸的看法更重要。民国之后，缠脚就慢慢废除了。我们知道妇女放脚不是妇女主张的，而是男人主张的，主张放脚的这些男人，康有为、梁启超等等，其实就是我们讲的制度企业家。邓小平领导我们进行市场化改革，我们过去不认同市场，现在我们认同市场，过去我们认同计划经济，现在不认同计划经济，这是邓小平给我们带来的观念变革。未来中国好多变革，就是与这种观念的变化有关系。

对商界企业家来说，任何一个创新都要经过市场的检验，制度企业家也是一样。你的创新是不是成功，你提出的游戏规则是不是会变成人们普遍接受的行为规范，就看它们是不是能够满足社会这种需要。满足市场非常重要的一点，就是你对人性必须有非常透彻的理解。一个商界企业家如果不能透彻地理解人性是不能成功的，比如苹果的产品大家都非常喜欢，就是因为它完全是从人性出发而制造出来的。

制度企业家和商界企业家也有不同。对于商界企业家来说，同一个行业有不同的产品，不同的产品满足不同人的需要。而制度企业家面临的一定是大众市场，不是一个小众市场，这个大众市场有赢家通吃的特征。并且，大众市场要经过很长时间的考验，他们提出的行为规范要能真正被人们所接受，需要构成博弈论上讲的“演化稳定均衡”。所谓演化稳定均衡，是指随着遵守规范的人越来越多，对每一个人来说遵守这种规范的好处就越来越大，最终形成了一个普遍的行为规范。由于这一点，制度企业家对人性的理解要比商界企业家更透彻，所以伟大的思想家都要从讨论人性开始。

与商界企业家一样，制度企业家的创新同样面临着巨大的风险。这个风险有三个原因。第一个原因是市场需求充满了不确定性，他们可能判断不准确，特别是很多人感觉需要变化，但是他们并不知道怎么样变化，制度企业家要能做出大势的判断。第二个原因是“二阶囚徒困境”带来的风险。一阶囚徒困境简单说就是合作对所有人都好，但每个人都选择不合作。和一阶囚徒困境不一样，二阶困境是说维持合作本身需要规则，如果你违反了这个规则，应该有人惩罚你，但因为怕报复或失去占便宜的机会，应该惩罚你的人没有积极性实施惩罚，结果规则得不到遵守。我们看到很多不文明的行为，比如随地吐痰、乱扔垃圾等等，你想指出来却不敢指出来，因为你怕对方骂你，还有可能打你，这就是“二阶囚徒困境”。改变旧规则也面临“二阶囚徒困境”：已经有一种规则在那儿，大家已经习以为常都在遵守。改变旧规则对大家都好，但率先站出来改变这个规则的人会面临其他人的惩罚。人都有爱脸面的天性，我们做任何事情都要看别人会怎么看待自己，比如你想自由恋爱，但是你不敢，因为你自由恋爱别人会对你说三道四，对你父母家人说三道四，所以即使父母给你安排一个你不喜欢的媳妇你也会接受。这样一种二阶囚徒困境导致的风险也是非常大的。 第三个原因，是制度企业家之间存在着激烈的竞争，比好多商界竞争还要激烈。

由于以上三个原因，一个制度企业家能不能成功存在着很大的不确定性，所以很多伟大的制度企业家在他们活着的时候，一般都没有好运气。如今这些人的名字对我们来说是如雷贯耳，很受尊重，但是他们当时的日子并不好过。比如孔子活着的时候其实是很悲惨的，领着他的徒弟到处游说，没吃没喝的，还没有人听，经常被别人赶走。苏格拉底被雅典政府判处死刑，耶稣被罗马帝国的统治者钉死在十字架上。朱熹活着的时候，他的学术被定为“伪学”，他被叫“伪师”，连他的徒弟都被叫成“伪徒”。政治企业家也有类似的风险，用中国人惯用的说法是“改革者没有好下场”。

我要特别强调一下制度企业家之间竞争的特征。第一个特征是赢家通吃。在制度创新方面，赢家通吃是通例，而在商品市场上，赢家通吃是一个特例，像微软叫赢家通吃，但大量的非平台产品或者网络效应比较小的产品没有赢家通吃。北京有很多饭馆，四川的、东北的、陕西的饭馆都可以有市场，都可以赚钱。制度企业家之间的竞争类似 Windows 平台和 Linux 平台之间的竞争，或者像不同 3G 标准的竞争。

第二个特征是规则市场的竞争是一个长期的竞争。制度企业家的客户和商界企业家的客户不一样。商界企业家的客户基本上都在今天，有些可能稍微晚一点，总体来讲都是当下的活着的人。而制度企业家的客户主要都在身后，甚至数百年之后。比如说孔子，他去世的时候，仍然是百家争鸣难分高下，他的影响并不那么大，他真正的客户是他死之后，特别是汉武帝之后，直到今天我们仍然是孔子的客户。这就带来一个问题，商界企业家即使仅仅因为想赚钱，也可以成为一个很了不起的、很伟大的企业家。但是制度企业家不同，他不可能以赚钱为目的，他的客户即使最后接受了他的规则，接受了他的产品，也没有办法给他付钱。制度是一种公共产品，每个人都享用它但是没有人愿意付钱，所以制度企业家不可能以营利为目的。对制度企业家来说，理念是最重要的。

这些人为什么冒那么大的风险为人类创造游戏规则呢？我想，一定是基于他们对人类博大的爱，对改善人类命运情有独钟，基于他们与众不同的崇高理念和神圣的使命感。这种对人类博大的爱和使命感可能是与生俱来的，并不一定是自觉的意识。所以我们称这些人是“圣人”，他们跟我们普通人是不一样的，从普通人的角度很难去理解他们。比如你写了一篇文章，你知道官方很不喜欢，你的父母和亲朋好友一定会劝你小心，文章千万不要发表。你说了某一句话会有朋友劝告你，这话最好不说。对常人来讲，我们每做一件事衡量的标准都是近在眼前的利益。但是，对于这些“圣人”来讲，眼前利益是不重要的。我们可以想象一下，苏格拉底如果认罪，就不会失去生命；耶稣只要认错就不会被钉上十字架；孔子如果愿意配合各个诸侯国的君主，他能在任何一个国家找到一个很好的位置，过荣华富贵的生活。我相信很多人劝过他们，要他们不要太较真，“好汉不吃眼前亏”，但是他们没有听，不是因为他们不明白利害关系，而是因为他们不愿意。这些“圣人”一定跟我们一般人不一样，他们的那种使命感，那种对人类的博大的爱，我们真是没有办法按常人的想象力去想的。

即便不是“圣人”，他们也一定与众不同。至少他们对死后的名声比生前的名声更加看重，否则他们不会为了坚持理念而忍受生前的痛苦。也可以反过来说，对他们来讲这个痛苦不是痛苦，因为违心地改变自己的理念才叫痛苦，对他们来讲殉道才是真正的快乐，而不像我们一般人想象的那样是一种痛苦。裴多菲有一首诗大家都知道，“生命诚可贵，爱情价更高，若为自由故，二者皆可抛”。当你把自由看得非常神圣，如果任何人想剥夺你的自由，你都不愿意容忍，因为自由的价值比生命可能更重要。从这个角度，我们可以理解人类历史上有那么多了不起的伟大人物，无论他们是不是被称为“圣人”，都值得我们极其敬重，他们一定是与众不同的人。

轴心时代的制度企业家

在人类进入文明历史的几千年里，有两个理论型制度企业家集中出现的时期。这两个五百年所创造的思想，决定了我们今天的生活，决定了我们今天的思维方式，决定了我们今天的游戏规则。

第一个五百年就是公元前的那五百年，所谓的“轴心时代”。大体来讲，也就是从孔子到耶稣那五百年。这五百年，无论是东方还是西方，都出现了许多伟大的思想家，包括孔子、老子、苏格拉底、亚里士多德、柏拉图、释迦牟尼、耶稣等等，都出现在那个时代。他们所创造的思想，奠定了整个后来的人类文明的基石，仍然在影响着我们今天的生活，或者说仍然没有动摇。

第二个五百年就是从公元 14 世纪意大利开始的文艺复兴一直到公元 18 世纪欧洲的启蒙运动。一般认为，启蒙运动的中心在法国，标志性人物是孟德斯鸠、伏尔泰、卢梭等。其实不光是法国，英国伟大的思想家如大卫 · 休谟，德国伟大的哲学家如康德，都对启蒙运动做出了巨大贡献。

第二个五百年跟前一个五百年不太一样。前一个五百年的伟大的思想家想的是什么？当时天下大乱，人类面临的问题是怎么从“天下无道”变得“天下有道”，他们更多地强调对人心的改造，无论是创造宗教，还是创造像儒家这样的道德哲学，目的都是为天下立道。第二个五百年里，思想家们更多地强调人的权利、人的尊严、人的自由。他们不再认为人类是由上帝创造的，必须接受神权的统治，而是认为每个人有自然的权利，自由和平等与生俱来，别人不可剥夺。在这个基础上，我们又要相互合作，共同发展。启蒙思想家认识到，我们没有办法改变人的“心”，我们能做到的是约束人的“行”。亚当·斯密讲的“看不见的手”的市场机制，我们用法治和民主的方式约束政府，所有的方式都是为了人的幸福，让人们相争而不相害。不仅不对别人形成伤害，而且给别人带来价值。比如说，市场上，一个人如果想赚钱，首先要给别人创造价值，否则你不能赚钱。这就是亚当·斯密的理论。启蒙思想家认识到，人类的和谐和进步需要政府，但政府的权力必须受到宪政和民主的约束。当权者的权力是哪里来的？过去说是上帝给的，也就是所谓的“君权神授”，或者如我们中国人说的，统治者是“天子”，现在人们不再这样认为了。所有的统治权都来自人民的授予，也就是人民的同意。而且，所有的统治者和普通人一样，他有善的一面也有恶的一面，我们怎么能够约束他恶的这一面？就是通过一整套的权力制衡体系，让一切权力都受到法律的约束和人民的监督。这就是法治和民主。

“轴心时代”的伟大制度企业家从东到西，从爱琴海沿岸的古希腊到中国的黄河流域都有涌现。为什么有这样一个时代，出现了这么一批伟大的制度企业家？简单地说，这是一个需要杰出制度企业家的时代，是一个需要为人类文明制定新的游戏规则的时代，有这样的市场需要。

在公元前第一个千年的前五百年，无论是西方（主要是西南亚）还是东方（主要是中国和印度），人类正处在从低端社会转向高端社会的一个过渡期。所谓低端社会简单地讲就是政教合一，统治者是上帝式的国王，利用“巫术”一样的方式进行统治，国家没有专业化的官僚队伍，没有专业化的军队，不需要征税。到了高端社会，统治者就变成了首席执行官，也就是我们现在讲的CEO，和宗教分离了，出现了专业化的官僚和专业化的军队，需要用专门的税收养活。在从低端向高端转变的过程当中，无论东方还是西方，都发生了连绵不断的征服战争。统治者互相厮杀，社会秩序被打乱，全世界到处都是“礼崩乐坏”。如果不能有一个新的社会秩序，那么人类的苦难将会更加深重。在这样的一个背景下，我们看到，出现了这么多伟大的制度企业家。这些伟大的制度企业家是在想怎么变“天下无道”为“天下有道”，他们是要为人类立“道”。当然他们之间有分歧，不同的学派主张的“道”是不一样的。中国百家争鸣，百家就是不同的道，道家有道家的道，儒家有儒家的道，法家有法家的道，墨家有墨家的道，还有其他好多门派的道。这些不同的道服务的是同样一个目的，但是有些成功了，有些却失败了，比如儒家的孔子成功了，而墨家失败了。道家虽然没有失败，但也不像儒家那么成功。

过去我们老说东、西方文化的差别，其实从道的角度看，这些东、西方伟大的制度企业家提出的好多规则非常相似。我总结了五点共同之处，而且我认为这是人类合作的最重要的规则：第一，“以人为本”；第二，“推己及人”；第三，“互助相爱”；第四，“诚实守信”；第五，“奖善惩恶”。

我用博弈论的话重新解释一下这五条：人类有追求自己幸福的权利，但如果每个人只考虑自己短期的眼前的利益，就会导致囚徒困境和相互伤害。为了解决囚徒困境，就需要人们遵守基本的行为规范，包括克制自己的私欲，推己及人，互助相爱，诚实守信。而为了使这些行为规范得到有效执行，不仅需要人们有善心，而且需要一个奖善惩恶机制，如果这个机制得到公正有效的执行，每个人认识到长远利益，人与人之间变成相亲不相害，人类就可以走出囚徒困境，享受和谐而幸福的生活。伟大的制度企业家想给我们设定一个规矩，每个人在这个规矩下更好地合作，追求自己的利益，但不伤害别人，还可以给别人带来好处。我现在认识到，经济学真正研究的是理性人之间怎么合作。我觉得过去强调东、西方文化好多的差别，可能有点夸大了。柏拉图的理想国和儒家理想国之间的差异可能不比儒家和道家之间的差异更大。

所有成功的制度企业家创造的社会规范，从提出到主导人类的行为方式、人类文化的形成，需要数百年的时间，而且这些行为规范在最初提出的时候，都被当作反社会的力量。他们的创始人以及追随者经常受到社会和当权者的迫害。只有当追随人数达到一定的临界值之后，才被社会和当权者容忍，甚至摇身一变被统治者定为国教。

以基督教为例，从公元 30 年左右耶稣在十字架上被钉死，到公元 392 年罗马皇帝狄奥多西宣称基督教为罗马帝国国教，经历了 360 多年。这个时间大致与孔子去世到汉武帝确立独尊儒家的时间差不多。在这期间，基督教除了要面对其他宗教的竞争，还要与反基督教的势力做斗争。罗马帝国本身就是基督教最大的反对势力，罗马帝国曾给基督教冠上一个名字叫“淫荡宗教”，认为基督教徒经常聚在一块是乱伦，认为基督教不利于政治稳定，于是采取了很多破坏措施。比如公元 64 年尼禄皇帝在罗马点燃一场具有毁灭性的大火，陷害说火是基督徒点的。耶稣的门徒彼得和保罗都被困在里面烧死了。公元 250 年，德西乌斯皇帝在整个罗马帝国发起了对基督徒第一次有组织的迫害。公元257年维勒里安皇帝再次迫害基督徒，并于公元258年处死了教皇西斯特二世。从公元303年到公元311年，戴里克皇帝以前所未有的热情发起了对基督教时间最长的迫害，他发出很多的法令，剥夺了基督教徒所有的荣誉和社会地位，剥夺了他们的自由，并规定实行酷刑和残害，基督教徒不可以申辩，不允许他们采取正当防卫。这也是历史上的最后一次迫害。公元313年，君士坦丁大帝颁布《米兰法令》，基督教获得了受尊重的地位，教会得到大量的财产，还可以免税。公元337年君士坦丁皇帝在病床上最后接受了基督教的洗礼。又过了二十多年，到公元360年，尤里安皇帝又试图迫害基督徒，但没有成功。最后到了公元392年，狄奥多西大帝宣布基督教为罗马的国教。

佛教也有类似的经历。佛教在印度失败了，但制度企业家的失败不等于他的资产全没有了。类似说一个企业破产了，但是其中很多优质资产被人兼并、收购走了。佛教虽然在印度失败了，但佛教好多的思想精华被印度教拿走了。佛教传入中国大体在两汉之间，到了南北朝佛教大发展，公元400年的时候全国大概有一百万佛教徒。北方最强的北魏政权专门建立了一个宗教局，由政府部门监管佛教徒，北魏世祖太武帝和北周武帝时都发生过禁佛和迫害佛教徒的事件。最严重的迫害是唐武宗时期，由于社会经济多种原因，佛教被认为是对政权的威胁，于是发生了大规模的禁佛事件。当时拆毁的寺院有 4600 多所，寺庙的资产被没收，260500 僧尼被强迫还俗，这是佛教受到的最严重的打击。一直到了宋代，佛教在中国的地位才真正稳定下来。由此可见，任何一种伟大的思想，无论是宗教的还是世俗的，到最后真正的成功都是很艰难的过程。

下面讲一下佛教徒在中国和基督教徒在罗马帝国的数量变化。从公元 40 年一直到公元 350 年左右，基督教徒在罗马帝国的年平均增长率大概是 3.4%，意味着每 20 年翻一番。公元 40 年，全罗马境内基督徒有 1000 人左右，占总人口的比例是 0.0017%，100 万人里边才有 17 个人。到了公元 200 年，人数就达到了 217 万，占总人口的 0.36%，1 万人里边有 36 个。到了公元 350 年，基督教徒人数已经达到 3380 万，占总人口的 56.5%。从公元 100 年到公元 550 年，中国的佛教徒人数的年平均增长率是 2.3%，每 30 年翻一番。公元 100 年的时候，中国的佛教徒不过是 1000 人左右。尽管受到若干次的迫害，到公元 400 年达到了 100 万，公元 500 年超过 1000 万，公元 550 年超过了 3000 万（以上数据来自 Morris，*Why the West Rules—for Now* 一书）。

我用这些历史数据是想告诉大家，我们要认识到伟大的制度企业家，他们冒的风险有多大，他们的成功要经历一个很长的历史过程。一个商界企业家活着时候还不成功那肯定就完蛋了，没有希望了。但是制度企业家活着的时候不成功，却很可能死了以后成功。制度企业家跟常人不一样，他们的追求，他们对人类的爱，他们的崇高理念不是我们一般人能想象的。

中国处在一个需要制度企业家的时代

今天，中国正处在一个需要制度企业家的时代。

简单谈几个原因。第一个是产权制度。产权是道德的基础，私有产权才能使我们这个社会走出囚徒困境。比如人民公社时期，每个人都身处囚徒困境。包产到户把地分给农民，让每个人追求自己的利益，最后大家都吃得更好穿得更好。最重要的是产权对道德的影响。在公有制下，人们想的就是怎样能占别人便宜，怎样能把别人的东西无偿拿走。在传统中国，勤劳质朴本来是农民的美德，但实行合作化和人民公社之后，谁懒惰谁得的好处反而多，于是勤劳的人都不勤劳了，说真话的人也开始说假话了，这是我们根深蒂固的一个问题。

第二个原因是我们的政府官员不受法治和民主约束，也不受声誉机制的约束。政府官员不守规矩，老百姓也不可能守规矩；当老百姓的权利不断受到侵害的时候，怎么可能让他守规矩？过去皇帝还在一定程度上重视自己的声誉，因为他玩的是长期博弈，想着把江山传到千秋万代。现在政府声誉机制不起作用，因为它的权力更大了，缺少约束力，官员也没有积极性考虑长远，干什么事情都不害怕。

第三个原因是理念的倒退。今天中国人对于民主法治的认识、对于私有财产制度的理念恐怕还不如一百年前。我推荐大家看一下金观涛先生的《观念史研究》这本书，看看一百年前中国人有一些什么理念。

第四个原因是转轨时期的失范。从一个体制走向另一个体制的时候，旧的规则可能不再起作用，但新的规则还没有建起来，这个时候就会产生变革中的失范。

在第一个轴心时代，东、西方同时创造了文明，但是在第二个轴心时代，我们没有参与新的思想创造。中国的“文艺复兴”在宋代，但那个复兴并没有引导我们走向现代，而是一种复古。西方的文艺复兴不是复古，复古是一个借口，真正是在往前走。一百多年前，鸦片战争之后，特别是甲午战争之后，我们中国人才开始认识到这一点，开始了中国的启蒙运动。1919 年发生的五四运动就是中国的启蒙运动。其实五四之前我们中国人就开始了启蒙，包括自由、宪政、民主思想的引进。当然很遗憾，五四之后没有多长时间，这个启蒙基本中断了。我们用“主义”代替了“启蒙”，所以我们中国人的启蒙没有完成，我们做了一个夹生饭。三十多年前，我们开始改革开放的时候，又开始了一个新的启蒙运动，但这个启蒙大致只持续了十年时间，到 1989 年之后也停止了。我们必须认识到，我们今天面临着与一百多年前同样的问题，我们需要一个新的启蒙时代，这个时代应该到来，而且一定会到来。

启蒙需要理论型制度企业家，需要用新的观点、新的理论、新的价值去说服社会，使我们这个社会能够有所改变。

中国也需要实践型的制度企业家。实践型的制度企业家跟理论家不一样，理论型的制度企业家可以没有任何官位，实践型的制度企业家则必须在某一种领导位置上。没有职位的人，不可能成为实践型的制度企业家。实践型制度企业家也就是领导变革的政治家。要成为好的政治家，必须有两个基本素质：第一个是正确的理念，第二个是强的领导力，也就是远见卓识、愿景、使命感、责任心、激情、政治技能。

最后，我特别想讲一下儒家与民主政治。对儒家的争议很多。我自己的看法是，儒家有民本的思想，但是儒家没有民主的制度架构，所以儒家提出来的社会秩序和理想制度，还是寄希望于“圣君贤相”，但这是不可靠的。儒家一直没有找到制约君主的“倚天剑”。现在已经很清楚了，只有政府受到法律的约束，只有权力真正为民所赋，才有可能使得政府做到真正执政为民。新儒家的代表牟宗三先生讲过这么一句话，中国以前只有治权的民主，而没有政权的民主。以往没有政权的民主，故而治权的民主亦无保障，只有靠圣君贤相的出现。而依赖于好皇帝、好宰相出现的情形是不可靠的。但儒家文化和民主本身并不矛盾，我国台湾地区及日本、韩国也都是接受了儒家文化，但都成功地实现了民主化。我非常同意他这个观点。

中国的民主化建设是一个漫长的过程。中国传统体制过去有三大支柱：皇权制度、科举制度、儒家文化。皇权制度下，国土、国家、人民是“皇帝”的私产，这个观念到现在还没有完全改变过来。西方曾经也是这样，用路易十四的话说，“朕即国家”。但是后来西方突破了这个观念，国家是人民的，主权是人民的，人民是自由和理性的，这时候的统治者只有为人民服务，他的统治才有合法性。科举制度保证了中国的职业化管理，是全世界最早实行的选拔体制，但它的坏处就是把大量优秀的人才吸引到了政府，这些人不创造价值，只是分配财富，而且不是按照市场逻辑，是按照强盗的逻辑来分配。最后就是儒家文化。在上个世纪初短短的十几年时间里，中国传统体制的三大支柱全部倾倒。1905 年废除科举，1911 年辛亥革命打倒了皇帝，1919 年五四运动把孔家店也砸了。现在中国有很多问题需要我们做进一步的思考，我们需要理解过去的体制和未来我们需要的体制，它究竟应该怎么变化？我们不能太着急，因为欲速则不达。今天的中国人，既没有西方人的法治观念，又丢失了中国人传统的廉耻观念；我们打倒了君主但是并没有建立起民主，这都与我们操之过急有关，稍有些耐心可能会好一些。民主的进程都是循序渐进的。我们从电视里看到台湾议员在打架，其实两百年前的美国议会里也是打架的，甚至打得比台湾还厉害。民主是一个过程，要给予时间与耐心。我们未来也一样，搞法治搞民主不能着急，不能因为出了一点问题就认为失败了，立马重新选一条道路，病急乱投医，结果吃错了药。如果一百年前我们的先辈能更有耐心一些，也许中国的民主化和法治建设要比现在先进得多。

23

改革要从功利主义转向权利优先

中国改革，无论我们思考问题还是制定政策，都必须从功利主义导向转向权利优先。

市场不仅仅是 GDP 增长的工具，市场是人类实现自我价值、追求卓越的一种途径。只要我们尊重了人的基本权利，给每个人平等的自由，市场经济自然就会到来。反之，如果我们的体制和政策不尊重人的基本权利和自由，再多的改革措施都不可能建立起真正的市场经济制度。

到目前为止，中国的改革可以说是功利主义的改革。功利主义改革的基本哲学是，经济发展是社会最大的“善”，GDP 增长是最大的“善”；衡量一切政策的标准就是是否有利于经济发展和 GDP 的增长，凡是有利于 GDP 增长的就是好的，不利于 GDP 增长的就是不好的；为了 GDP 的增长，我们甚至可以不考虑人的基本权利和尊严。

功利主义 (utilitarianism) 当然不是中国人的发明。两百多年前英国哲学家边沁创造了功利主义哲学，用来指导英国法律制度的改革；经过他的学生、经济学家约翰·穆勒的改造，功利主义就变成了整个经济学的基本哲学基础。功利主义包括个体功利主义和社会功利主义两个方面，个体功利主义就是每个人都趋利避害，最大化自己的效用函数，社会功利主义就是最大化所谓的“社会福利”。社会功利主义的基本特征就是用目的的正当性来证成手段的正当性。它评价任何事情的标准都是后果主义的，也就是说，只要我的目标是好的，我就可以不择手段，不论这个目标是“经济增长”“国家利益”，还是“社会福利”。

在许多情况下，功利主义经济学也是拥护市场经济的，但它把市场完全当作工具性的，也就是说，只有当市场被认为有利于效率、有利于所谓“社会福利”最大化的时候，它才拥护市场；一旦市场被认为不利于效率——比如说存在所谓的“市场垄断”“外部性”“信息不对称”等“市场失灵”的情况，它就主张用政府干预市场。功利主义对私有产权和自由的支持也是工具性的。

但我们人类做什么样的事情是正当的或不正当的，仅仅用功利主义标准可能是不行的，因为这样的标准可能会侵害人类的基本权利。比如说，假定社会中有几个长相奇丑无比的人，绝大多数人不喜欢他们，那么，按照社会功利主义的标准，杀掉他们就可以提高社会总福利（“最大多数人的最大幸福”）。但我们能认为这样做是正当的吗？在现实中，按照功利主义的标准，任何个体的权利都可以在为了所谓的“国家利益”“集体利益”“社会利益”名义下被侵害、被剥夺，古今中外这样的例子举不胜举。

与功利主义相对立的另一种正义标准我称之为权利主义。权利主义是说作为个体，我们每一个人都有一些与生俱来的基本权利，这些基本权利是不可以以任何理由予以剥夺的，目标的正当性不能证成手段的正当性。权利主义也有很长的历史传统，它从古希腊斯多葛学派的自然法理论发展而来，两百年前德国哲学家康德提出的自由理论就是一种权利主义理论，当代政治哲学家罗尔斯的自由平等理论，诺齐克的自我所有权理论，罗斯巴德的自然权利理论和哈耶克的自由演化主义，都可以归为权利主义哲学，尽管它们之间也有很大的分歧。

权利主义对于市场的捍卫是基于人的道德权利，人的自由本性和尊严，而不是效率，至少不仅仅是效率。也就是说，权利高于功利。

我们中国人虽然没有发明功利主义哲学，但一直有功利主义传统。秦始皇的“富国强兵”就是功利主义。当年搞计划经济也是功利主义的，它把国家的经济发展（“赶超战略”）当作一切政策的标准，也就为剥夺私有财产和个人自由提供了正当性理由。改革开放后，我们不再认为计划经济是发展经济的有效手段，转向发展市场经济，但无论是对计划经济的否定还是对市场经济的拥护，都是功利主义的。这样的思维方式至今没有改变。无论是“一切为了增长”，还是“稳定压倒一切”，其实都是典型的功利主义，评价任何政策就是看是否有利于经济增长（效率），是否利于社会稳定，而不考虑这些政策是否侵害到人们的基本权利。举例来说，为了经济增长，就要搞大规模的建设，要修路、盖房子、建商场，所以就会有拆迁，这个拆迁就是正当的，至于用什么样的方式拆迁就无关紧要了。我们甚至可以用野蛮的手段来拆迁，造成了很多人的不幸，美其名曰为了国家的经济发展。但仔细想一下，即使我们的目的是对的，就能以这样的目的来证明我们在拆迁当中的所做所为都是正当的吗？

类似地，当“稳定压倒一切”的时候，为了稳定，我们就可能不顾法治的基本原则和人的基本权利，甚至有人说出这样的话，“如果不杀 ×××，就会天下大乱”。但我们能认为这是判一个人死刑的正当理由吗？我们怎么能证明不杀这个人天下就会大乱呢？

社会不能没有正义，但功利主义和权利主义对正义的理解不同。功利主义讲的是利害，不是是非。而权利主义是讲的是非，不是利害。权利主义讲的正义就是尊重每个人的基本权利，这些基本权利不能以功利的目的予以否定。我们可以用计划生育的例子来说明这一点。计划生育的目的是为了控制人口。听起来，这是很正当的，因为人口太多的话，我们资源有限，我们没有办法发展，没有办法过一个好的生活。但我们想一下，否定人的基本的生育权利，甚至用非人道的方式强迫堕胎，是不是符合基本的正义？显然，功利主义与自由是不相容的。

我们也可以考虑一下我们应该如何看待民主。民主究竟是手段还是目的？在功利主义者看来，民主仅仅是手段，所以人们的争论就集中在：民主制度是不是有利于经济发展？如果有利于经济发展就是好的，不利于经济发展就是坏的，我们不能用它。功利主义者经常引用印度的例子证明民主是不可取的，因为印度的民主制度并没有带来经济繁荣。但从权利主义的观点看，民主不仅仅是手段，民主也是目的，因为民主是人们行使自己权利的一种方式，民主关乎权力的正当性问题。

功利主义为政府干预经济提供了理由。按照功利主义理论，政府可以集中力量办大事，这样有利于经济的短期增长，有利于应对经济危机——比如在 2009 年发生全球金融危机时候，中国靠政府的力量很快就推出了很强的刺激政策。但是在权利主义来看，如果政府干预侵害到个人的基本权利，就是不正当的，不能因为政府做事“效率”高就为政府的干预政策背书。

功利主义其实对社会道德形成了好多的破坏。再以计划生育为例，前段时间华南某大学的一位留学回国教授，因为超生被开除了，是什么理由让校长做出这样的决定呢？计划生育部门给校长打报告说，计划生育一票否决，如果不开除他，我们学校今年的先进单位就拿不到了。其实还有比这个更残忍的，有对夫妇意外怀孕之后，因为女方身体原因不适合堕胎，胎儿长到五六个月了，单位同事找他们，跟他们讲，就因为你们两个人闹的，我们今年的奖金也发不成了。迫于同事的压力，孕妇只好冒着生命危险堕胎了。一个社会，如果人们把奖状、奖牌、奖金，看得比别人的生命还重要，我想这样的社会很难有很好的道德秩序。

我们也会为了功利的目的，如增长、稳定等，限制人们说话的权利。但说话的权利，法律上讲的言论自由，其实是人们最基本的权利。如果我们为了增长或稳定限制言论自由，必然导致媒体人缺乏职业道德，导致媒体腐败，导致学术腐败。同样，为了增长和稳定，不遵守法治的基本原则，否定司法的独立性，法官就不会有职业道德，也必然导致司法腐败。理由很简单，没有任何人可以为不是自己的决策承担任何责任。当你写出来的文章不是由你自己内心的自由意志所为，当你做了一个判决，不是根据法律和你的良知，要让你对此承担责任，是不可能的，正如我们无法让一块石头承担责任一样。

由此，也就可能导致整个社会的道德堕落。功利主义的严重道德后果，我们应该认识到。

当然，功利主义之所以能够流行，无论在中国还是国外，都有一定的历史原因。这个历史原因大致来讲是这样的：根据 Inglehard 的现代化理论，从传统的农业社会一直到工业化社会，人们的生存价值是第一位的，为了集体的生存，个人的权利就会受到压抑，人们有时候也愿意接受这种压制。在极端贫困的情况下，人们可能为了生存而自愿放弃自己的自由和尊严。我在农村的时候遇到这样的事，有的人为了吃上饭，故意犯罪坐牢，出狱回家没有饭吃又继续犯罪坐牢。但进入后工业社会之后，个人的权利、自主性、自我表达的价值就变得越来越重要，这其实也就是我们熟悉的马斯洛的需求层次理论所告诉我们的东西。社会在变化，传统的生存价值将逐步被自我表达的价值所替代，这个时候，还是仅仅按照功利主义的标准来评判我们的政策和所作所为，我觉得跟人类本身的进步就不相一致了。

这就是我们今天必须面对的转变。中国改革，无论我们思考问题还是制定政策，都必须从功利主义导向转向权利优先。人类有一些基本的价值，这些基本价值应该优先于任何功利主义的考量，我们不可以以任何的理由，无论是为了 GDP 的增长还是为了维持稳定，去否定它们。当然，涉及物质利益的选择，我们可以用功利主义的标准，进行成本—收益分析，但涉及人的基本权利，个体的人格和尊严，我们不可以用功利主义来衡量。我们政策的正当性不能仅仅拿它是不是有利于经济发展，是不是有利于提高效率来衡量，正如我们不能从是否赚钱来评价卖淫一样。

我们今天讨论民营经济，也应该从这样一个新的角度来考虑。在争论公有好还是民营好的时候，我们过去的标准就是问哪种所有制有利于经济发展，我认为这是不够的，我们不能只从有利于经济发展的角度来理解民营企业的价值，如果这样来理解的话，我们随时可能否定民营企业，甚至把民营企业收归国有，因为任何情况下，有些人总能找到理由说民营企业不利于经济发展。

我们应该认识到，自由创业、自由创新、自由交易是人类的基本权利，包括从事金融行业都是人类的基本权利，我们不能以任何其他的理由剥夺它们。

功利主义的考量不可能建立起真正的市场经济，因为就像我刚才所讲，任何时候我们都可以从另外的角度说它不利于经济发展或者不利于社会稳定，进而否定它。市场不仅仅是 GDP 增长的工具，市场是人类实现自我价值、追求卓越的一种途径。只要我们尊重了人的基本权利，给每个人平等的自由，市场经济自然就会到来。反之，如果我们的体制和政策不尊重人的基本权利和自由，再多的改革措施都不可能建立起真正的市场经济制度。

24

没有思想市场就没有中国的未来

所谓思想市场，就是学术、观点、言论、信仰的表达自由和它们相互之间的平等竞争。

社会的变革和人类的进步基本上都是在新的理念推动下出现的，没有理念的变化就没有制度和政策的改变，而没有思想市场，就很难有新的理念的出现和传播，从而整个社会就失去了变革的源泉。

诺贝尔经济学奖得主罗纳德·科斯教授在其生命的最后阶段曾多次讲到思想市场对中国未来改革的重要性。他的告诫应该引起我们的足够重视。

所谓思想市场，就是学术、观点、言论、信仰的表达自由和它们相互之间的平等竞争。它既包括思想在生产上的自由竞争，也包括思想在接受方面的自由竞争。它意味着没有行政和法律的力量规定人们可以研究什么、不可以研究什么，可以说什么、不可以说什么；它也意味着每个人有权选择任何一种理论和观点，不同的理论和观点只能通过说理的方式争夺市场，没有人有权强制人们接受某种特定的观点和理念。

思想市场为什么重要？简单地说，是因为社会的变革和人类的进步基本上都是在新的理念推动下出现的，没有理念的变化就没有制度和政策的改变，而没有思想市场，就很难有新的理念的出现和传播，从而整个社会就失去了变革的源泉。

传统上，经济学家和其他社会科学家总是把社会变革理解为不同利益之间博弈的结果。他们认为，社会变革之所以发生，是因为一种利益（变革的受益者）战胜了另一种利益（旧体制和旧政策下的既得利益者），或者是因为统治者和政策制定者认识到变革所带来的收益大于成本。这里的利益，通常被理解为物质利益或政治权力。应该说，这种认知包含了一定的真理，因为，一个不可否认的事实是，人们的选择是受利益支配的。但正如大卫·休谟在二百多年前所指出的，“尽管人的行为是由利益支配的，但是利益本身，以及人类几乎所有的事务，都是受观念支配的”。什么是你的利益所在，本身是依赖于你所持有的观念和信仰。观念并不仅仅是人们实现利益的手段。

历史分析和现实观察都表明，社会变革之所以发生，在许多情况下，不是因为一种利益战胜了另一种利益，而是因为理念战胜了利益，或者说，是因为一种（新的）观念战胜了另一种（旧的）观念，一种主义战胜了另一种主义。许多看似某种特定利益的胜利，事实上不过是某种特定观念的胜利。比如说，中国共产党领导的新民主主义革命和社会主义革命的胜利，并不是因为无产阶级的利益战胜了资产阶级和地主阶级的利益，而是因为马克思列宁主义战胜了其他主义。领导这场革命的中国共产党被认为是工人阶级的“先锋队”，但他们中的大部分人并非出身于工人和农民，而是出身于传统社会的精英阶层，他们之所以闹革命，是因为接受了马克思列宁主义的理念，认识到“走俄国人的道路”是中国社会最好的选择。

为什么计划经济在20世纪能成为世界上1/3的人生活的那

些国家的一种制度，而且存在了很长的时间？这其实也是理念变化的结果，计划经济是一种典型的理念的产物。“文化大革命”后，中国处于严重的危机状态，变革的迫切性已被人们普遍认识到了，但是怎么去改，本身是需要理念的。邓小平之所以发起市场化取向的改革开放，是因为他认识到计划经济解决不了中国的问题，我们必须给老百姓更多的自由，让人们更能够发挥自己的积极性和主动性，让市场发挥作用。中国的改革开放之所以能取得这么大的成就，就是因为上世纪 80 年代有像邓小平、胡耀邦、万里等这样一些领导人，他们有一个正确的理念。但是后来，特别是 2003 年之后，我觉得我们的理念就出了些问题。所以我们看到，改革是前进还是倒退停滞，其实都与理念有关。

这也说明，一个理念可能好，也可能坏。如果我们接受一个坏的理念，可能给人类带来灾难；如果我们接受一个好的理念，那就使人类进步更快，使人们生活得更好，使社会变得更和谐。

但问题在于，什么是正确的理念，什么是错误的理念，并没有一个先验的标准，也没有一个权威性判断值得我们信赖。你也许会说“实践是检验真理的唯一标准”，但实践的检验只能是事后的，而理念一定是要超前的，如果理念没有超前的话，那么变革是不可能发生的。所以当一种新的理念提出的时候，其实是没有任何实践可言的。人类面临的一个很大的挑战，就是我们没有办法先验地知道哪一个理念对哪一个理念错。这便是我们需要思想市场的原因。一种理念正确与否，只能通过思想市场、观念市场的竞争来检验。如同约翰 · 莫尔曾经指出的，即使正确的思想，也可以从与错误思想的竞争中完善自己。

我当然不是说，思想市场竞争的结果一定是正确的理念胜出，但如果我们想降低错误理念胜出的可能性，唯一的办法是思想市场的自由竞争。

一种新的理念、观点、思想，从最初的提出，到最后变成实践，类似经济学家讲的一个“迂回生产”的过程。这个过程涉及三个环节：生产环节、传播环节和实践环节。处在最上端的生产环节的人，是我们称之为学者、哲学家、思想家的极少数人，他们的作用是生产新思想，所以我将他们称为“思想型的制度企业家”。尽管不可否认，有些新观念最初是普通人提出的，但如果没有学者的理论化，草根的观念不大可能成为社会变革的力量。公共知识分子、媒体从业人员、出版商、教师等处于这个过程的中间阶段，他们的工作是传播思想，将思想家创造的东西进行选择并组合成大众容易理解的东西，然后传播给政治家和普通大众，将其变成社会的共识，所以被哈耶克称为知识的“二手交易商”。处于这个过程终端的是政治人物和实践家，他们的任务是发起变革，将新的理念变成法律和政策，我将他们称为“实践型的制度企业家”（或“政治企业家”）。

当然，这个过程是互动的，理论家的理论不是凭空产生的，政策制定者面临的问题，公共媒体和公共知识分子所反映的“民意”，经常会成为理论家提出新理论和新思想的问题源。

现实中，有些人可能同时担当三种角色，有些人同时担当其中两种角色。但从概念和逻辑上讲，这三个阶段的角色是不同的。而且，事实上，绝大部分情况下，不同的角色是由不同的人承担的。原因在于，这些角色之间是有冲突的。比如说，实践家必须注重政策的可行性，注意不同利益之间的平衡，为此，他们有时候必须“口是心非”“言不由衷”，甚至“打左灯向右转”；但理论家和思想家如果过分关注“可行性”，关注利益平衡，就不可能生产出真正的理论。从某种意义上讲，理论之所以是理论，就是因为在它最初提出的时候是“不可行的”，得不到多数人的认同。所以，一般来说，优秀的政治学家不可能是优秀的政治家，反之亦然。孔子只能当“素王”，不能当“国君”。柏拉图的“哲王”只能出现在他的“理想国”，不可能存在于现实世界。

尽管如此，思想市场的基本原则在这三个阶段都是适用的。

在思想的生产阶段，思想市场的基本原则是学术自由和思想自由。学术自由和思想自由意味着学者本身必须有一颗自由的心，学术研究不能有禁区，除了学术本身的规范，学者在探索和表达学术观点时不应该受其他规范的约束，任何对学术自由的干预都是对思想市场的破坏。学术自由也意味着不同学术观点之间是平等的，任何一种学术和理论都无权利用政治权力获得垄断地位，否则，学术自由就不存在。

在思想的传播环节，思想市场的基本原则是观念可以自由传播，同时意味着现存的观念、习惯、法律和政策都可以受到自由评论。当然，每个人都必须对自己的言论负责。

在思想的实践环节，思想市场的基本原则是：公共政策的形成和实施应该经过广泛的讨论和批评，重大的法律修订甚至需要“全民公决”；在可能的情况下，法律和政策的变革应该是一个循序渐进的演化过程，应该允许人们在多种方式中进行选择，而不应该采取中央集权主导的建构主义的方式。“因地制宜”和“摸着石头过河”实际上就体现了思想市场原则在实践中的应用。

在历史上，人类既享受过思想市场带来的好处，也经受了对思想市场的破坏而导致的灾难。正是春秋战国时期和魏晋南北朝时期的自由思想市场创造了灿烂的中华文化，而无论秦始皇的“焚书坑儒”，汉武帝的“独尊儒术”，还是清朝皇帝的“文字狱”，都是对思想市场的干预和破坏，中国社会的长期停滞都与此有关。在西方，中世纪欧洲基督教会的垄断地位，严重阻碍了科学和社会的进步，而正是伴随文艺复兴之后思想市场的发展，才出现科学和艺术的繁荣，以及人们思想观念的变化，最后导致了工业革命的发生。人类过去两百多年的巨大进步，无疑是思想市场竞争的结果。

我们人类不可能避免犯错误，但是如果有思想市场的话，人类至少可以避免犯那种灾难性的错误。举例来讲，前面讲计划经济就是一种理念，这种理念在中国的实践导致了中国与发达国家差距的拉大，给数亿人带来财产甚至生命的损失。但我们可以设想一下，如果在那个时候，有思想市场，学者和媒体人士可以自由地表达自己的意见，一定会有人反对计划经济，这个实践绝不会持续那么长时间，带来的损害也就不会那么大。最早搞农村合作化、人民公社的时候，就有一些经济学家提出反对，但是他们的言论很快被压制了，没有办法再发言了。我们甚至可以设想，在实行人民公社和大跃进的时候，如果至少允许各地有选择是否实施以及用多长时间来实施的自由，肯定会有地方官员抵制，就不大可能发生饿死上千万人的事情。这个例子也说明，思想市场在实践环节是多么重要。

中国的改革开放也受惠于思想市场。邓小平这样的领导人是重要的，但他们的想法许多来自经济学家和其他理论工作者的思想。如果没有上世纪 70 年代末和 80 年代经济学界相对自由的学术气氛，如果没有“思想解放”，“有计划的商品经济”不可能写入中共十二届三中全会的决定，“社会主义市场经济”也不可能写入中共十四大的全会决定，中国的改革开放也就不可能取得这么大的成就。

我个人经历的一个典型例子是价格体制的改革。1984 年之前，价格改革的迫切性，从经济学家到政府官员都普遍认识到了，甚至被高层领导人说成是改革的“拦路虎”。但价格改革之所以迟迟不能迈出大的步伐，是因为当时主流的观念认为，社会主义经济下价格必须由政府规定，而且政府有能力制定合理的价格；价格不合理的根源是政府在制定价格时没有遵守“价值规律”，只要定价时“按照价值规律办”，价格体系就会合理。我在 1984 年 4 月完成的《以价格体制改革为中心带动整个经济体制改革》中提出的一个基本观点是，合理的价格不可能由政府制定，价格改革的唯一出路是通过双轨制价格逐步放开价格管制。从“放”的角度考虑价格改革是一个全新的观念，这个观念经过1984年9月“莫干山会议”，首先被参会的许多经济学家接受，然后经过会议组织者的努力，之后又被政府高层所接受，由此使得价格改革取得了突破性进展，并对整个经济体制改革产生了重要影响。可以想象一下，如果莫干山会议的组织者事先规定只能讨论如何调整价格，不能讨论如何放开价格（因为有“鼓吹资本主义自由市场”的嫌疑），这个会议就不可能对价格改革提出有价值的建议，实际的价格改革至少会拖延相当长的时间。

中国经过三十多年改革之后，相对于产品市场和要素市场，思想市场的发展是最慢的。也许有人会说，即使没有思想市场，中国的经济发展也取得了奇迹，由此看来，思想市场并没有那么重要。这种观点的错误在于，它忽略了这样一个基本事实：自身没有思想市场的经济也可以从其他国家的思想市场中得到好处。如果没有哈耶克、弗里德曼、科斯这些人的思想，我不相信我们的改革会取得这么大的成就，而这些经济学家的思想是在自由的思想市场中产生出来的。

如同经济发展有“后发优势”一样，思想市场也有“后发优势”。在开放的社会，任何国家都可以从其他国家所创造的思想和观念中受益。但毫无疑问，引进思想比引进技术和产品更困难。这是因为，思想的实践必须与特定的利益结构、社会结构、文化、习惯、制度相结合，而人性在本质上具有抗拒新思想的惰性。这意味着西方国家发展出的思想在应用于中国社会的时候，需要有一个“中国化”的过程，这是中国学者的责任。中共十八届三中全会《全面深化改革若干重大问题的决定》确立了改革的基本方向，特别是提出了“国家治理体系和治理能力的现代化”的政治体制改革目标，但如果没有思想市场上不同学术观点的争鸣，究竟什么是“国家治理体系和治理能力的现代化”，不同的人会有完全不同的理解，不可能有基本共识。而如果没有基本共识，改革不可能顺利推进。

任何社会变革，从短期来讲，政治领导人的理念可能更重要。但长期来讲，普通人的理念也许更重要，因为任何一个政治领导人，不可能长期违抗大多数人的理念而行事。大的社会变革一定是全民的事情，不可能是少数精英的事情，而无论政治领导人理念的形成，还是普通大众观念的变化，都是思想市场运行的结果。正是在这个意义上，我们说，没有思想市场就没有中国的未来！